ちくま新書

ヨーロッパで勝つ！　ビジネス成功術

――日本人の知らない新常識

塚谷泰生
Tsukatani Yasuo

1332

ヨーロッパで勝つ！ ビジネス成功術――日本人の知らない新常識【目次】

はじめに――今こそ巻き返しのチャンス 007

第1章 ヨーロッパ人の性格地図とそれぞれのビジネススタイル 013

1 ヨーロッパは人種と地域で大きく四つに分けられる 014
2 ビジネスパートナーとして信用おけるゲルマン系 016
3 生活を楽しみ個性を重んじるラテン系 020
4 人間関係を深めてビジネスに生かすスラブ系 025
5 信頼関係がビジネスをスムーズにするフン族 030

第2章 日本人が見たヨーロッパビジネスの現実 035

1 大企業の多くは本社が地方都市にある 036
2 他人より目立つことが評価の対象になる 039
3 相手を待たせてもランチを楽しむ 045
4 ヨーロッパにヤマト運輸はなかった 049
5 すぐに壊れるような製品でも売れる 052
6 経済効率を徹底させて日本の先を行く 058

7 日本風の甘い菓子パンのにおいに大騒ぎ 061
8 意味のない鮮度よりもコストにこだわる 064
9 店内の照明は少し暗いぐらいがちょうどいい 068
10 ヨーロッパ人の自信ありげな態度にだまされない 073

第3章 ヨーロッパ人が見る日本と日本人 081

1 しゃべらない日本人は不気味で得体が知れない? 082
2 日本人はなぜ会議で発言しないのか 087
3 ミーティングに決定権を持った人が出ない不思議 091
4 なぜ日本人は会議が終わってから話すのか 094
5 言い訳はコミュニケーションのツールじゃないの? 097
6 なぜ日本人は口約束でも守ろうとするのか 102
7 口約束に縛られてビジネスの機会逃す日本企業 108
8 小型で省エネの食品加工機械をヨーロッパ人が絶賛 111
9 ヨーロッパを驚かせた精度に優れる日本製計量器 116

第4章 日本とヨーロッパのビジネス文化の違い 123

1 本格的な交渉は「ノー」から始まる 124

2 ビジネスでは常識の違いが最初の壁になる 129
3 体力にあかせて日本人より働く人もいる 135
4 会社にアルバイト従業員は存在しない 142
5 従業員は給料が上がるとみんなに自慢する 145
6 労働法が変わり一〇〇年の伝統が消えた 148
7 会社の経営者は必ず裁判に巻き込まれる 153
8 ビジネスの服装はスーツでなくてもかまわない 159
9 IDカードとパスポートは手放せない 162
10 トップはタクシー感覚でビジネスジェットを使う 168
11 機械が壊れたらメーカーに持ち込んで修理する 172

第5章 ヨーロッパで日本の輝きを取り戻す 177

1 事業の安全性が高いヨーロッパ市場 178
2 言葉はビジネスの障害にならない 181
3 海外市場ではマーケットリサーチを徹底する 184
4 ジェトロにはあまり大きな期待はしない 188
5 いいたいことをはっきりと言葉にする 195
6 相手の理不尽な要求はきっぱりとはね返す 199

7 ヨーロッパの契約社会の真実を理解する 203
8 日本とヨーロッパの契約書には大きな違いがある 207
9 契約書へのこだわりを捨てるとビジネス機会が広がる 212
10 試運転で稼働率一二〇パーセントを達成した日本製機械 216

第6章 ヨーロッパビジネスで成功する八つのポイント 221

1 展示会は出展するより見に行くもの 222
2 売込みは現地の日本オタクに任せる 227
3 初めて進出するなら業務委託から始める 234
4 決断のスピード上げれば商機は広がる 240
5 情報の入手を継続することが成功につながる 246
6 代金回収リスクは取引信用保険で備える 253
7 細かなスペックはセールスポイントにならない 256
8 決めぜりふは「丈夫で長持ち」だけで良い 260

おわりに――日欧EPAでビジネス環境が大きく変わる 265

はじめに――今こそ巻き返しのチャンス

一九九〇年四月、私は日商岩井（現双日《そうじつ》）北欧会社の取締役として、デンマークのコペンハーゲンに赴任しました。三年間の赴任生活を終えたところで同社を退職し、独立起業してそのままヨーロッパで仕事をする道を選びました。以来二八年間、ヨーロッパで仕事をしてきましたが、海外生活がこれほど長くなるとは、みじんも考えていませんでした。

二八年の間にはデンマークとオランダに住み、西欧、東欧、南欧、北欧とヨーロッパ中を駆けずり回り、北米、中国、アジア諸国でもビジネスをしてきました。

はじめ、ヨーロッパは先進国だし、日本とは価値観が同じなので、同じ感覚で仕事ができると思っていましたが、いざビジネスの現場に出てみると、経験してきた日本とはまったくの別世界でした。

面会のアポイントを取って出向いてみれば、商談の相手は約束の時間になっても現れません。三〇分ほど待たされてようやく現れたかと思ったら、遅れた理由を説明しただけで、

「待たせて申し訳なかった」という一言もなく商談に入ったのです。日本ではとても考えられないことです。

商談に入って、日本製の機械が競争相手よりいかに優れているかを説明していると、「結論から先にいってくれ」といわれました。よくよく聞いてみると、結論とは壊れないで長持ちする機械なのかどうかということだったのです。日本では性能を語る前の「話すまでもない前提」のことだったのです。ヨーロッパでは品質の悪い製品でも売れていますが、その多くはすぐに壊れる、カタログ値通りの生産数量ができないという背景がありま す。そのため、売り込みには日本では当たり前すぎて話す必要のない「信頼性」の話をすることが重要だったのです。

多くの経験を積んで初めて、日本とヨーロッパの双方にビジネス文化というものがあり、それは天と地ほども違うことに気づいたのです。

日本の存在感が希薄になっている

ヨーロッパでは、中国やアジア諸国の台頭が著しい反面、日本の影は薄くなっています。私がコペンハーゲンに赴任したばかりのころは、ヨーロッパ市場に中国は影も形もなかったのですが、ここ一〇年で存在感を増しています。

それを感じさせるのがアムステルダム空港の新聞雑誌スタンドです。二八年前はこのスタンドで日経新聞が買えました。それを買って出張の飛行機内で読むのが楽しみでした。もちろん中国語の新聞なんてありませんでした。それがいまでは日本の新聞はスタンドから無くなり、並んでいるのは中国語の新聞です。

ヨーロッパの観光地では、かつては多くの日本人観光客の姿を見ることができましたが、今では右を見ても左を見ても全員が中国人かというぐらい、かつての日本人観光客とは次元が違う数の中国人観光客であふれかえっているのです。さらにオランダの公立学校では選択第二外国語の中にフランス語、ドイツ語とならんで正規に中国語が入り、中国人教師も増えてきています。一時は、日本語も選択第二外国語に入れたらどうかという議論があったといいますが、今ではまったく聞かれなくなってしまいました。

ヨーロッパから見ると、日本の存在感は本当に希薄になっています。ヨーロッパに住んでいる日本人が何人か集まって話をすると、「このままでは日本はやばいよね」ということが共通認識になっています。

ビジネス文化の壁を取り払うと成功できる

工業製品はもちろん、ソフトのコンテンツも、日本は世界でつねにトップクラスなのに、なぜ日本企業はヨーロッパで存在感が低下してしまったのでしょうか。はっきりいえば、日本流のビジネス文化そのものに原因があるといえます。

ヨーロッパでの商談は即断即決が求められます。それなのに、決定権を持たない従業員を取引先に送り込み、ミーティングではあまり口を開かず、判断を求められると「検討して後で返事をします」と、まるで売りたくないと思われても仕方ない対応をしています。これでは、売れるものでも売れなくなります。

また、日本企業（人）は「良い製品は売れる」と、頭から思い込んでいます。そのため、品質に優れる日本の製品は売れるとかたくなに思い込んでいるのです。しかし、ヨーロッパ市場では良い製品でなくても売れます。はっきりいうと、品質の悪い製品でも、売り方によっては売れるのです、それも大量に。そのことを日本企業の多くは読み誤っています。

こうした日本の「ビジネス文化」が通じないことにビジネスマンが気づかないで、日本式のビジネスを行っています。そのため、ヨーロッパ諸国はもとより、機を見て敏な中国、韓国、アジア諸国も、日本製品より著しく劣る製品をうまく売り込んでいるのです。

日本の製品は、品質や性能は世界のどこの国にも負けないのに、ビジネス文化の壁にはね返されてきました。二〇一七年一二月には日欧ＥＰＡ（経済連携協定）交渉が妥結し、二〇一九年からの発効を見込んでいて、最終的には多くの分野で関税がゼロまたはゼロ近くになり、貿易の障壁は無くなります。関税によって競争力を削がれることなく、日本国内で販売するのと同じ感覚でヨーロッパに製品や商品を輸出できるということです。この追い風を利用しない手はありません。

ビジネス文化の壁をこの壁を取り払いさえすれば、日欧EPAという追い風もあり、日本企業はヨーロッパで成功を収めることができます。それにはまず、ヨーロッパと日本のビジネスにある「文化」の違いを正しく理解することが必要です。

その観点から、二八年にわたりヨーロッパでビジネスを行ってきた私が感じたヨーロッパと日本のビジネス文化の違いと、日本企業がヨーロッパ市場で再び輝くためにすべきことを取り上げてみました。

第 1 章

ヨーロッパ人の性格地図とそれぞれのビジネススタイル

ポーランドのドライブインで売られていた寿司

1　ヨーロッパは人種と地域で大きく四つに分けられる

四地域の民族による性格とビジネス感覚の違い

ヨーロッパには五四もの国（外務省ホームページより）があります。ヨーロッパにはドイツ、イギリス、フランス、イタリアなど経済規模の大きな国がある反面で、バルト三国や旧ユーゴスラビア諸国、トルコよりも東にあるアゼルバイジャン、ジョージア（旧グルジア）など、GDPではドイツの五パーセントにも満たない小さな国もたくさんあります。

国家は民族や言語によって形成されるのが一般的なので、ヨーロッパにはさまざまな人種がそれぞれ「国家」をつくっているといえます。それなら、国の数ほど人種が分かれているのかというと、必ずしもそうとは限らないのではないでしょうか。ヨーロッパの人種の成り立ちから見ると、ゲルマン系、ラテン系、スラブ系、フン族系の四つに大きく分けることができます。

四つの人種は、おおむね地域で分けることもできます。ゲルマン系は北部ヨーロッパ、ラテン系は南部ヨーロッパ、スラブ系は東部ヨーロッパ、フン族系はヨーロッパの中央部

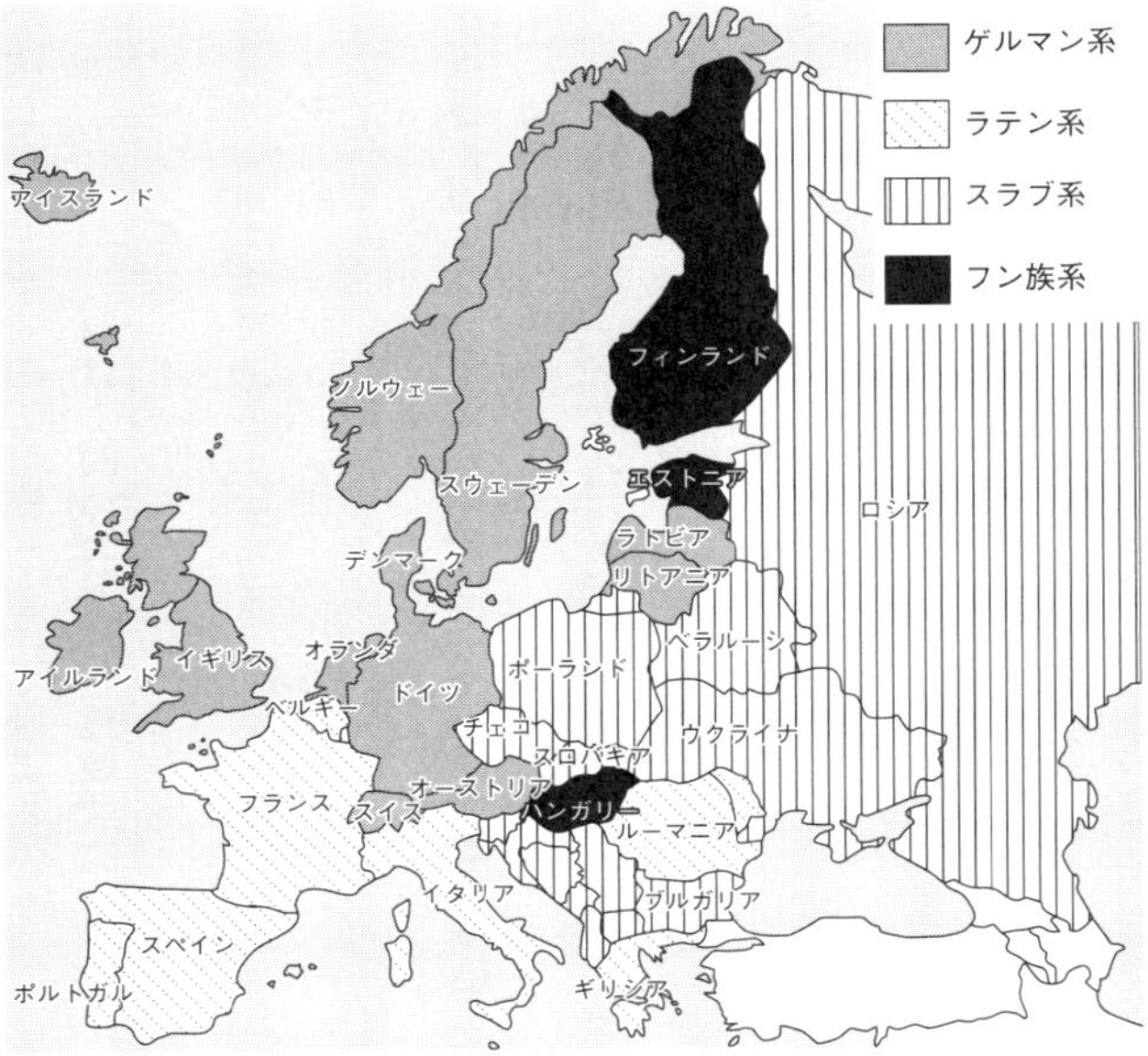

に点在するといった具合です。

人種によって性格が違います。ゲルマン系は誠実でまじめですが他人とは距離を置きますし、ラテン系は気さくでいい加減なところがあるといった具合です。

面白いことに、ビジネス文化（スタイル）もこうした人種ごとに違いが出ます。何ごとも几帳面だったり、おおらかで融通が利いたり、信頼関係をつくってからはじめてビジネスに進んだりなど、人種によるビジネス文化の違いがはっきりと分かれます。

人種によってどう違うのか、私がおよそ三〇年にわたって経験して感じたことを、ここで取り上げてみましょう。

ヨーロッパにおける四つの人種の地域は次のように分けられます。

ⓐ**ゲルマン系**……イギリス、ドイツ、オランダ、スウェーデン、デンマーク、ノルウェーなど主に北部ヨーロッパ

ⓑ**ラテン系**……フランス、イタリア、スペイン、ベルギー、ポルトガル、ルーマニアなど主に南部ヨーロッパ

ⓒ**スラブ系**……ロシア、ポーランド、チェコ、スロバキア、ウクライナ、ブルガリアなど主に東部ヨーロッパ

ⓓ**フン族系**……フィンランド、ハンガリー、エストニア

2 ビジネスパートナーとして信用おけるゲルマン系

質実剛健で遵法精神が強く価値観も日本に近い

ゲルマン系の系譜を引く民族にはアングロサクソン族、ゲルマン族、ノルマン族などがあり、イギリスやドイツ、オランダ、スウェーデンなどの主に北ヨーロッパの国々です。

英語・ドイツ語圏で、質実剛健で遵法精神が強いという特徴があります。また、価値観もかなり日本に近いものがあります。

商社でデンマークに勤務していたときの秘書、レーネさんによると、デンマークの庶民はコーヒーにミルクを入れないように教育されるといっていました。というのも、他人の家に呼ばれてコーヒーを出されたとき、ミルクをくれというような余計な要求をしないようにという理由だそうです。

また、イギリス人の友人は子供のころに、「出された食事が美味しい、まずいといってはいけない。食べるものがあるだけでもありがたいと思いなさい」と親にいわれて育ったといっていました。

極端な例かもしれませんが、なにしろイギリスの私立学校の給食は、いまでもまずくて、お腹を満たすだけといっている日本人の子供が多いのも事実です。食事も家族全員が決まった時間にそろって取るのが一般的です。人間関係は家族間でも友人間でも、親密でありながらも、つねに一定の距離が保たれているようです。

ゲルマン系は現実的で、誠実で、真面目で、日本人にとってビジネスが一番やりやすく、ビジネスパートナーとしてはもっとも信用がおける人種グループだと思います。欠点は石頭で融通が一切利かないところです。「ダメなものはダメ」といって、どのような場合でも頑《かたく》なです。

ビジネススタイルは、取引先とは面談ではなくメールや電話で仕事が進んで行くのが特徴的で、深い人間関係を築くわけでなく、まさにビジネスライクといった関係です。

ビジネスは契約書通りに進む

あるとき、オランダから特殊なフライ食品加工機械を日本のお客さんに輸出することになりました。日本のお客さんのスペック、サイズ、電源等の基本的な仕様をメールと電話で説明して、簡単な設置場所の図面を送りました。すると、数日で機械の図面、スペック、電源等の仕様書がメールで返ってきました。もちろん、値段、納期なども一緒に送られてきました。

このあたりまでは日本と同じでスムーズです。面倒なのはここからです。

お客さんの希望で生産数量やサイズなどの変更が入ると、一般的に時間がかかります。でも、ゲルマン系は明快で、「希望の生産量の仕様変更はできますが、費用が二〇パーセント高くなります」「機械の長さを一メートル短くすることはできません」といった具合に、できること、できないことをはっきりといってきます。

お客さんの工場に収まるか収まらないか、あるいは商売になろうがなるまいが、気にしません。できないことをさらに工夫して、できるようにするとはいってきません。「これで良ければ買ってください、いやなら買っていただかなくても仕方ないですね」というスタンスです。

ネゴしてどうにかするという余地はないのです。

この加工機械に関しては、日本のお客さんも「そういうことなら仕方ないね」と、オランダのメーカーの仕様にしたがって契約、支払いを行い、日本向けに船積みする前の運転試験の検品に立ち会っただけで、相手先の事務所、工場に出向くことはほとんどありませんでした。

イエス、ノーをはっきりさせる習慣、文化のせいか、ビジネススタイルもこのようにシンプルで、買い手売り手ともビジネス関係はあっさりしています。ですから、売買に関しては商品の仕様、納期、支払いは契約書通りに順調に進むのが普通です。

クレーム対応では理詰めでことを進めるので、数字の裏付けを必要とします。

ドイツの食品メーカーとソーセージを日本向けに輸出していたとき、品質不良が発生してクレームとなりました。当初、そのメーカーは品質不良を認めようとしなかったのですが、製造ロット番号、品質問題となった製品の写真、クレーム数量などを数字でこと細かくリストにして、逐一報告しました。その結果、本当に製品の品質問題から日本でクレームになっていることを理解して、その補償をすることに進みました。
このように、数字、証拠集めを徹底して行い、書類を作成して理詰めで説明することが一番重要なのです。

3 生活を楽しみ個性を重んじるラテン系

時間の感覚が日本人と大きく違う

私が知っている北欧の金髪女性は、例外なく「ラテン系の男には注意しろ」といっていました。ラテン系の男性は気さくで、明るくて、いい加減で、手が早いというのが北欧女性の共通認識です。

ラテン系は黒髪、黒い瞳が多く北欧の男性とは見た目がかなり違うので惹かれるらしいのです。注意の標語があっても、この人はだいじょうぶと信じて、真面目で律儀な北欧女性はすべて本気にして、ラテン男にだまされてしまうそうです。真面目で律儀が身上の北ヨーロッパ気質とは真逆なので惹かれるのかもしれません。

ラテン系グループは、日々の生活をエンジョイする精神と個性を重んじる精神が強いようです。それは日常生活にも現れています。オランダ・アムステルダムで暮らしていたイタリア人は、オランダの食い物は犬の餌だとけなし、実家に帰るたびに大量に食料をオランダに持ち帰り、うまいだろうとオランダ人の友人達にごちそうしていました。食をエンジョイするのがじょうずでした。

スペイン人の友人は、パイプラインの設置の仕事でウズベキスタンに長期で行くことになり、あまりにも現地の食べ物がまずいとかで、大量の食料を実家から運んでいました。生活が楽しくないことには耐えられないようでした。

日本人の考える時間軸とも、かなりの隔たりが出てきます。たとえば、食事については、昼飯は軽く二時間はかけますし、晩ご飯は午後八時からというのが普通です。

取引先とのメールのやり取りは、返事が返ってくるまでに、ゲルマン系のグループよりも確実に長くなります。今日届いたメールは先週に出した内容の返事とみてほぼ間違いありません。そして、なぜか週の終わり金曜日に返事や質問がくることが多いのです。概してのんびりしています。

日本人のビジネス感覚からすると、時間の感覚の違いによってつねにイライラさせられ、ストレスがたまる結果になります。ですが、その感覚に慣れてしまえば、違う良さが見えてきます。

良い点の一つは融通が利くことです。「堅いこというなよ」「今回はそこのところどうにかしてよ」ということが通じる相手でもあります。

時間に対してかなり大らかなことも良さになることがあるのです。商品の納入期限が結果的に延びたとしても、関係が壊れることは希です。

クレームにも出てくるのは言い訳

この価値観を持つグループとのビジネスでは、日本人はかなり振り回されることが多くなります。中身がしっかりした契約書のあるなしの問題ではありません。

イタリアとスペインでは日本種米、いわゆるジャポニカ米を、寿司用のコメとしてかなり生産しています。ヨーロッパの寿司用のコメとしては、ほかには北米カリフォルニア産米があり、ヨーロッパ産と北米産がヨーロッパにおけるコメ供給の双璧です。日本から輸出されているコメもありますが、ヨーロッパはコメにかかる関税が高く、残念ながら一般的ではなく、超高級品となってしまっています。

基本的に、ヨーロッパでのコメの調理法は、パエリヤのように海鮮や肉と一緒に煮る料理です。コメを炊いたり、蒸したりしてそのままご飯やおにぎり、寿司として食べることはありません。ですから、コメの出来上がりには注意が行かないのです。

スペイン産のジャポニカ米を寿司米としてオランダで売っていましたが、品質がなかなか希望通りにならずに、お客さんから返品、クレームも多くありました。

ヨーロッパ産の米は、ばらばらのサイズ、異物の混入、精米のばらつきがつねにつきまといます。検品で現地に行ったとき、出てきたのは文句のない品質の高い寿司米でした。ところが、それを見て安心して取引をしたところ、大きな問題が発生しました。

送られてきたのは、精米がほとんどされておらず、異物の混入が通常よりひどいコメでした。検品の結果、受け取れないとして返品することになりました。出荷元のスペインのコメ製造会社にメールで検品結果表と現物の写真を添付して送っても、言い訳をするばかりで一向にラチがあきません。数字と証拠写真を持ち出して追及しても、ラテン系との取引ではあまり意味を持たないのです。

返品の山をトラックで送り届けて、どうしてくれるんだと、相手を目の前にして騒ぎ立てる以外に方法がありません。しかも問題が発生したら時間をおかずに、なるべく早く相手先に行って事実を指摘するのです。

このときも、返品を送りつけてから相手のところに出向き、そして交渉が始まりました。交渉も一日では終わらずに翌日までかかりました。別のときは四日かかったこともありました。交渉の結果、スペインのコメ製造会社が返品を受け入れて、費用についても全額負担することで解決しました。

ただ、面と向かって交渉することで、「次回精米時には立ち会ってくれ」とか「責任者が精米後の写真を撮って事前に送る」という解決策が出されました。

メールだけで済まさないで、ちょくちょく電話をかけて状況を確認するなど、人間的な関係を大切にする必要があります。クレーム対応では数字、理詰めでの解決でなく、相手を前にしての交渉が基本となります。

思いがけないトラブルに見舞われることも

イタリア製のバイクを日本向けに出荷したときのことです。バイクを木枠で固定して船に積み込むのですが、出荷梱包後の船積み前に倉庫で保管していたところ、木枠を壊されて中身のバイクを盗まれてしまったのです。

ラテン系の国ではこんなことも起こるのです。実は、契約が完了した後の出荷時や出荷後など、客先に届く前の盗難は珍しいことではないのです。私はその後も何回か経験しています。北ヨーロッパビジネスに慣れていた私には想像できませんでした。この場合、私が梱包場と船積みに立ち会うべきだったと思いました。保険である程度は補償されますが全額ではありません。相手先に出向いて確認することが重要な作業となります。

売買代金に関しても、入金、支払いとつねに注意が必要です。相手が大手企業でも、各部門で統制が取れていなくて、営業と経理部門の連携が悪いので、日本から商品がデリバリーされても入金が遅れることは希ではありません。

ゲルマン系はビジネスでドライな面がありますが、ラテン系はいい加減なのでビジネスでは日本人は苦労させられることが多い反面、長くつきあうと仲間意識が高まり関係が深くなり、その関係が終生続きます。

4　人間関係を深めてビジネスに生かすスラブ系

スラブ系は地味で真面目、定着性、土着性、安定性が高く、ビジネスでは日本人と相性が良いと思います。

ビジネススタイルは、メール、電話で済ませるのではなく面談が基本です。そして、一緒に飲み食いをして人間関係を深め、それをビジネスに生かしていくスタイルです。一昔前の日本のビジネススタイルを見ているようです。

日本的な深い人間関係をつくり、ビジネスもその延長線上になっていきます。友人かビジネス相手か分からなくなってきます。

私もビジネス相手とその家族と一緒にスキーに行ったり、食事に行ったり、ときには相手の家に宿泊させてもらうこともありました。ビジネスとともに人間関係が深くなっていくのが、スラブ系では一般的です。

一度、相手の懐の中に入るとビジネスは長く続き、安定した取引関係を構築できます。こうしたこともあって、ポーランドにはトヨタをはじめとして、かなりの日系企業が進出しています。

問題は、英語教育が遅れていて英語を話す人が少なく、英語でのコミュニケーションで誤解が生じたり、お互いに理解できていないことが多くあることです。つねに念を押す、書いたもので確認をする作業が必要になります。

また、国の地域によって性格が違う場合があります。たとえばポーランドでは西、すなわちドイツ寄りは理論的でせっかちな性格で、反対側の東、ロシア寄りはのんびりした性格といわれています。

スラブ系はとくに、直接会って商談をし、接待したりされたり、プレゼントをしたりされたりすることが重要になります。メールと電話だけでは、まったく話が進まないと思って下さい。「あいつがいうんじゃ仕方がないな」となるぐらいの人間関係を作ると、ビジネスもスムーズに運びます。

現場の力が強く日本仕様に対応できない

ポーランドの食品加工会社で、仲間数人とアジア的な味付けの食品開発を手伝っていたとき、その食品メーカーのオーナーからポーランドのいろいろな食品原料の日本向け輸出を手伝ってくれないかと頼まれました。

お役に立とうと、ポーランドの食品原料の対日輸出の可能性を探って行くことになったのですが、これが簡単には運ばないのです。

スラブ系の会社組織は日本的にできていて、上から下と、下から上と両方向の指示系統が存在しています。だから、上がOKを出しても、現場がNOという場合が多々ありました。

濃縮ジュース類の大手メーカーの商品を日本に紹介したときのことです。日本向けジュースの仕様では、ポーランド国内やヨーロッパ域内で販売するものと酸度や糖度が違います。それを日本仕様に調整すればポーランドから日本に直接輸出できるので、オーナーは日本市場に売り込みをかけたいこともあり、何回か話し合いをしていました。ところが、製造現場は面倒なので、なかなか日本仕様の生産に応じようとしてくれないのです。

日本に輸入されるジュースは、大半が東南アジアや中国などの加工メーカーで酸度や糖度を日本仕様に調整しています。そこでやむなく、ポーランドからのジュース原液を、いったん東南アジアや中国などの食品加工メーカーに輸出し、そこで日本向けのジュースに加工して輸出しているのです。

東南アジアや中国の加工メーカーに輸出しているので、かなり安く買いたたかれているという現実があります。ポーランドから日本に直接輸出できれば値段も高く売れるのですが、製造現場が応じてくれないために、ジュース原液の供給という立場に甘んじているのです。

なにもジュース原液に限った話ではありません。鶏肉、豚肉、牛肉でも同じです。日本仕様があることを理解させて、その日本仕様がどういうものなのかを納得してもらうことが困難で、実際に輸出まで話が進んでいくことは希です。

ソーセージ、ハムなどの重さやサイズの指定についても、日本では誤差をほとんど認めません。そう話すと現場では「嘘だろう。農畜産物は工業製品じゃないんだよ。日本ではそんな要求があるのか」と、笑いが起きることもあります。

それをクリアしても、海を越えて輸出した経験がほとんどないので、次から次に問題が発生します。たとえば鶏肉は袋に入れて真空にし、それから冷凍して箱に入れます。ところが、パッケージに使う袋、箱の強度が弱いのです。日本に貨物が着いてコンテナを開けると箱が潰れ、袋は破れていたことがありました。それからは厚くて強い袋、厚くて強い箱を見つけるところまで指導をしていきました。

ヨーロッパ内や隣のロシアで販売しても、輸送距離は一〇〇〇〜二〇〇〇キロメートル程度です。冷凍トラックでせいぜい三日です。トラックの数日の輸送と、船でのコンテナ輸送で四〇日間も船上にあると揺れによる衝撃、コンテナの上げ下ろしの衝撃などがあり、荷物にかかる荷重はトラックの比ではありません。このあたりの経験値がゼロの相手が多いのです。

海外へ輸出しているとホームページに書いてあっても、よくよく聞いてみると、実際の輸出は隣のドイツだけだったりします。船でアジアへ輸出した経験はゼロとなると、基礎知識がまるっきりないわけで、結局、輸出業務からユーザーの求める品質まで教え込むのに二年がかりになってしまいました。

ホームページやカタログにあまり力を入れない

ポーランドに限らず、スラブ系は巨大マーケットであるロシア、ドイツに隣接しているので、わざわざ遠くに輸出する必要がなかったのです。自国内かせいぜい隣に売れば良いのです。ですから基本的に海外取引に不慣れなのです。

スラブ系はのんびりしており、メールの返事には三、四日程度かかります。スラブ系以外は電話、メール、ホームページなどで相手の基礎的情報を知ることができ、ビジネスの可能性が見えてくるものです。ところがスラブ系はホームページとか、メールとかカタログとか、パンフレットの類いにあまり力を入れていないのです。

相手の会社に何回か出向いて仲良くなると、「実はこんなのも作ってんだよ！」とか「お前がいうならそんな製品を作っても良いよ！」というような話が出てくることがあります。後になってから会社の情報が分かることが多いのです。

また、スラブ系はメールよりも電話を使うほうが、時間が短縮できて効果的です。比較的長電話が好きで、メールと違って電話だといろいろな情報が得られるなどのメリットがあります。

5　信頼関係がビジネスをスムーズにするフン族

いまだに男尊女卑的な文化が残っている

フン族系は日本人と同じモンゴル語族です。フィンランド人の赤ちゃんは全体の五パーセント程度に蒙古斑が出ると聞いたことがあります。この地域ははるか昔に、モンゴルが征服した地域で、いまだに言語、遺伝子が残っているそうです。

日本で暮らしているフィンランド人、ハンガリー人、エストニア人はすぐに日本語がペラペラになるそうです。同じように、日本人も二〇歳過ぎてこれらの国に行っても、短期間で言葉をマスターしてペラペラになっています。

フィンランドで知り合ったヘルシンキ在住八年の日本人男性とフィンランドで仕事をしたことがありました。ある日、彼の話すフィンランド語を聞いた私の部下は、フィンランド生まれの日本人と信じて疑わないほどでした。

ヨーロッパでこの三カ国以外に、八年程度で現地の言葉をペラペラ話せるようになり、現地人と間違えられる国はありません。日本語に近い言語でとくに文法はそっくりです。意味は分かりませんが、フィンランド人の会話は発音、イントネーションが聞きやすく、どこかで聞いた気がするぐらいです。また、人の名前で「ヨーコ」とか「ユーコ」などがあり、日本の名前とかぶります。

しかし、日本人のように集団に重きを置くのではなく、仲間意識は低く、独立心が強く、個性的な人が多いのが特徴です。

フィンランドで仕事をしているときに、営業担当者はほとんど男性なのに気がつきました。オランダでは女性の営業職もたくさんいて、営業に駆けずり回っています。

フィンランドで知人の会社で働いていたリタさんは、輸入した日本の部品の受・発注の担当者で、商品知識も完璧で受け答えもそつのない優秀な女性でした。あるとき、その会社の営業職の人がヘッドハントされていなくなったので、「リタさん、あなたは優秀なんだから営業職になったらもっと売れるよ」と営業への転身を勧めたのですが、本人は頑なに断ってくるのです。理由を聞くと、営業職は男の職業で、女性の職業じゃないのでいやだといい張っているのです。

他のヨーロッパ諸国では、オレがオレがという人はいても、リタさんのような人はいません。フィンランド（フン族系）ではいまだに男尊女卑的な文化が残っていて、女性の営業職とかを嫌う傾向があります。

顔を合わせて飲み食いすることからビジネスが始まる

最初のビジネスはメール、電話だけでは成立しませんが、ビジネスが軌道に乗れば真面目で律儀で、いい加減さや曖昧さを嫌うので信頼できる人も多く、日本人にはビジネスでは付き合いやすい相手です。

最初は、何回も出向いて顔を合わせて飲み食いをし、お土産を交換することも重要な要素です。信頼関係の構築がビジネスをスムーズにする要素です。

新聞用紙の引き合いがあり、供給元を探すことになり、目をつけたのがエストニアの製紙メーカーでした。最初は飛び込みで訪ねたのですが、取りつく島もないという対応でした。それが、三度、四度と訪問を重ねて、そのたびにお土産を手渡したり、飲食をともにすることで、相手の心も徐々に開くようになり、取引ができることになりました。

取引は決まったものの、新聞用紙としての品質が悪く、何回も出向いて品質改善について話をしていましたが、なかなか要望通りの商品になりませんでした。これはベトナムのハノイ・タイムスに納入する新聞用紙で、ハノイ・タイムスが要望する紙と比較すると紙の強度と、紙の表面の光沢が足りませんでした。また、新聞用紙はロールで供給するのですが、巻きにムラがあるというありさまでした。これでは、新聞を印刷しているときに紙が切れてしまいます。

このメーカーでは品質要求を満たす紙を生産するのは無理かなと、半ばあきらめかけました。それでも、実際に工場の中に入って、機械のそばで数人の作業員とともに二日がかりで指導していたら、やっと希望の商品になってきました。紙の品質も新聞用紙として使えるようになり、巻きムラもなくなったのです。

それ以後は、輸出担当者はもちろん、工場の現場作業員の信頼を得たせいか、こちらの希望通りの製品が生産でき、梱包、出荷スケジュールといずれも要望通りに進み、無事ハノイ・タイムスに届けることができました。

このようにビジネス上でも、取引先まで出向いて人間関係、信頼関係を作ることが最も重要な要素となります。

第 2 章

日本人が見たヨーロッパビジネスの現実

日本食料品のスーパーにはあんパンや大福、おにぎりまで売っている（オランダ）

1　大企業の多くは本社が地方都市にある

日本の大都市は住環境が限界を超えている

デンマークのコペンハーゲン事務所で仕事をしているときは、日本から来るお客さんをデンマークの企業に案内して商談するのが重要な仕事の一つでした。コペンハーゲンはデンマークの首都ですから、大企業の本社が集中していると思われるかもしれませんが、大企業の多くの本社は、首都のコペンハーゲンにはないのです。

貨物輸送の世界的な企業であるDSVはコペンハーゲン郊外のヘデフセネに本社を構えていますし、北欧最大の乳製品メーカーのアーラ・フーズの本社はユトランド半島の東側のオーフスにあり、直線距離でコペンハーゲンから優に一五〇キロメートルは離れています。世界的に知られているレゴ社の本社も、首都のコペンハーゲンから二六〇キロメートル離れたユトランド半島の中央部のビルンにあるという具合です。

私の取引先に限っても、最も近い会社の本社はコペンハーゲン事務所から車で高速道路を二時間かけて出向かないとありませんでした。ですから、取引先の会社に行って帰るだ

地方都市の風景（オランダ、ローゼンタール）

けで一日仕事になります。
　こうした取引先に日本から来たお客さんを案内すると、せいぜい一日に一カ所しか訪問できないのが現実でした。
　あまりにも効率が悪いので、事務所のデンマーク人の同僚に「なんで本社が首都にないんだよ。どの会社の本社も田舎にあるから、不便きわまりないよ」と文句をいったら、彼から驚くべき話を聞かされました。
　ヨーロッパでも、かつては大企業の本社や工場は首都にあったといいます。しかし工場の騒音や排水、悪臭が問題視され、郊外に強制的に移されたのだそうです。その後、都市部では法人税の料率を上げて、地方では低くするといった政策をとり、企業の地方への拡散を促進し、都市部への過度の集中をコントロールしました。これによって、企業の地方への移転が促進され、地方の雇用を増やすことにもつながったといいます。

こうした政策を実施すると、本社の名義だけを地方都市に移し、都市に元の機能を残すというように、形式だけ移転することになりがちです。しかし、そうしたことは許さないように監督が行われています。それもかなり厳格に行われ、政府の査察官が定期的に会社を訪問し、名実ともに移転しているのかどうかの調査を抜き打ちで行い、実際の本社がどこにあるのかを調査します。こうした施策により、都市機能を維持しながら経済の分散とバランスのとれた住環境を確立していったということでした。

距離が問題にならない営業スタイルが根付く

実は本社が首都になくても実際はあまり不便と感じませんでした。というのも、ヨーロッパでは営業活動で取引先の相手と面談することは少なく、ほとんどが電話やメールでのやりとりで済んでしまうからです。取引先が自社の近くだろうが遠くだろうが、仕事上で距離はまったく感じないのです。たしかに、最初は非効率だと思いましたが、その中で仕事をしていると、それはそれでかまわないかもと思うようになりました。

なにしろ、新しい製品を紹介しようと思って面談のアポイントメントを取ろうとすると、「わざわざ来なくてもいいよ。パンフレットは郵便で送るか、ＰＤＦファイルでメールに添付して送ってよ」といわれます。

楽でいいと思う反面、面談すると担当者に製品のセールスポイントを強くアピールできたり、あるいは情報交換ができたりするのに加え、雑談の中に潜んでいるとっておきの情報を聞くことができたりします。面談のメリットです。電話やメールではとうてい太刀打ちできない、こうした良さを失っているような気がします。

ビジネスは人と人が行うものです。日本の営業のスタイルは、取引先の会社に直接出向いて担当者と面談するのが普通です。電話一本かければ済むような話でも、わざわざ出向いて面談するのが良いとされます。それは面談によってビジネス相手と濃密な関係を築けるなどのメリットがあるからです。

それを全部排除してしまうのは、少し惜しいような気がします。

2　他人より目立つことが評価の対象になる

目立つと損をする日本・得する欧米

日本では目立ったり、自己主張が強かったりすると、和を乱すなどの理由で排除の対象になります。「出るクイは打たれる」というわけです。均質であることを重視するいかにも日本社会的な考え方です。

ところが、欧米はまったく違います。目立つとか自己主張が強いことは良いことなのです。カナダ人の仕事仲間から「出るクイは油をもらう」と聞かされました。馬車の車輪に使うクギやクイが飛び出してきたら油を差してから打ち込み、元に戻すことからできたことわざだそうで、出るクイは油をもらえるので得をするという意味だそうです。

出たクイを元に戻す行為は同じですが、その評価をめぐっては、日本の場合はネガティブで、欧米の場合はポジティブと、一八〇度考えが違っています。欧米では目立つことは良いこと、すなわち陽＝善であって、目立たないことこそ悪いこと、陰＝悪と評価されるのです。

たしかに、日本では目立ったり、自分の主張を通そうとすると、たとえ正しい主張でも「目立ちたがり」「生意気なやつ」という評価になり、危険人物とまで見られるようになります。そして、いつの間にか除外すべき人間、あるいは組織の敵みたいに扱われます。

ヘタをすると空気が読めないやつとかいわれて、いじめにあうかもしれません。日本社会では目立つこと、自己主張が強いことは、総合的に見てその本人にとって良い結果にならないことが多いように思います。

学校では意見をぶつけ合う訓練をさせる

ヨーロッパでは日本と真逆です。日本では集団の秩序を守るために個人の自己主張は抑えられますが、ヨーロッパでは個人が自己主張をすることで多様な考えを尊重しようとしています。日本は集団が先で個人が後という形ですが、ヨーロッパでは個人が先で集団が後というのが基本的な考えです。

学校では意見をちゃんと言えることが評価につながる（中学校の授業風景＝オランダ）

学校の教育もそれに添って行われています。ですから子供のうちから、個人は個人として扱われ、それぞれが自己主張をして意見をぶつけ合うのが当たり前で、その結果として集団の方向性を探るのです。こうした訓練が学校で行われています。日本のような「個人は集団の中の一員」という教育ではないのです。

ヨーロッパの学校で褒められるのは、自分の意見をちゃんといえること、率先して行動すること、それにリーダーシップのある生徒です。学校における評価も、学業成績だけでなく行動力、運動能力の三つは同列に扱われます。ですから、目立てば目立つだけ、褒められるうえに、成績評価も上がります。出るクイは油をもらえる、良いことがあるというわけです。

突出した存在価値を示した若者を採用した

こうした他人と違うことに価値観を置く教育の成果が表れるのが、大卒者の進路です。日本では大半が上場企業に就職を希望するのに対し、アメリカでは優秀な学生ほど就職しないで起業を目指すといわれています。ここにも、横並びの日本と「出るクイ」になろうとするアメリカの違いがあります。

就職活動においても、日本人は面接者の質問にそつなく答えますが、欧米人は聞かれなくても自分のセールスポイントをこれでもかとアピールします。

商社に籍を置いていたとき、社員を採用することになり、新聞に募集広告を出しました。五人ほどが面接に来たので、履歴書を見ながら面談をしていましたが、これといった良さそうな人材がいなかったので、全員不採用にして別の方法で再度募集をかけようと思っていました。

すると、しばらくしてどこかで見たことのある若者が、事務所に私を訪ねて来たのです。なんと、募集の面談に来た若者でした。なんとなく見た目や口調などがパッとしなかったので、今回の営業職の募集には向かないと思い、断った中の一人でした。

何しに来たのかと尋ねると、この会社が何をしているのか興味があるので聞きたいことがあるということでした。その彼は大学を出て数年経つごく普通の若者です。すでに採用を断った相手なので、いちいち質問に答えるのも面倒なので、丁重に断りました。すると、その一〇日後にまたやって来て、今度は質問を紙に書いて持ってきたのです。秘書もあきれて、かわいそうだから質問に答えてやったらといわれて、別の日の、時間がある時に来てくれれば、その場で質問を読んで答えることにしました。

その質問票は、なかなか的を射た質問でした。内容は面白くて真面目なものでした。若者の断られても断られても気にしないで突き進む能力は、ひょっとすると営業能力が高いかもしれないと思い始めました。

結局、何回かの面談を経て二カ月後に彼を雇うことになりました。彼のあきらめないしつこさは、見込んだとおり営業に向いていたのです。ゼロからスタートしたロシア産品の中近東への売り込みで、その力を十二分に発揮してくれました。

目立つ上にコネがあれば昇進も早い

ヨーロッパは、とにかく突出していないと自分の存在価値はないといわんばかりの世界です。そんなヨーロッパでは、会社で昇進する評価のポイントは、以前は勤続年数などでしたが、今では「たくさん利益を上げているか」「新商品の開発にどこまで貢献したか」など、会社への貢献度に変わってきています。ここでも出るクイになっているかどうかが問われます。

ただ、昇進に関してはヨーロッパでも大きなポイントとなるのが、オーナー一族の血縁者、経営者の関係者かどうかということです。これで昇進のスピードが変わってきます。それは大企業でも、中小企業でも同じです。ヨーロッパの中小企業は、人事に関しては保守的で日本と似ていると思います。

あるとき、ノルウェーの大手企業のアジア輸出担当者が、若いのにいきなり取締役になりました。仲がよかったので「昇進おめでとう」とお祝いをいうためにノルウェー・オスロまで行きました。

彼はノルウェーの最難関大学出のエリートで、もともと優秀だったのですが、オーナー一族の遠い親戚にあたり、経営陣にいる企業のオーナー一族が強く推薦してくれたので、取締役になれたといっていました。優秀でオーナー一族につながっていることで、異例のスピード出世を果たしたようでした。

出るクイは油をもらうとはいいつつも、いわゆる「コネ」もあるのです。日本もヨーロッパもこの部分は、似たようなものですね。

3　相手を待たせてもランチを楽しむ

いまをめいっぱい楽しむことが最優先

商社で駐在員をしていたとき、現地の同僚たちとレストランでランチを食べることがありました。大勢でテーブルを囲み、それぞれ好きなものをメニューから選び、ランチタイムをめいっぱい使って賑やかに食べるのは楽しいものです。

しかし、それも時と場合によります。

ランチをとったらすぐに来訪者とミーティングに入ることになっている場合、日本人のサラリーマンであれば、その時間に間に合うように戻ることをまず考えます。もしも、複数人で昼食に出かけたら、早く出てくる料理とか、誰かが注文した料理に便乗してみんなで同じものを注文します。そうすることで、同じタイミングで早く食事が出てくるため、ミーティングに遅れないという配慮が働くからです。あうんの呼吸です。日本で勤務していたときはそうしていました。

ところが、現地の同僚たちはそうした事情とは一切関係なく、それぞれが好きなものを注文します。てんでんばらばらに、時間のかかりそうなメニューでも気にしないでオーダーします。もちろん、お互いの注文にイヤな顔ひとつしません。

同席している日本人の私は、「そんな注文の仕方ではミーティングが時間どおりに始められないだろう」と心の中で呪い、同僚の昼飯がちゃんとすぐに運ばれてくるのかが気になってヤキモキしてしまいます。ところが、一緒にランチを食べている同僚たちは誰も時間のことは気にもしません。

ランチが運ばれてくると、「今日のハーリング（ニシンの酢漬け）は最高だぜ」「いや、ステーキも美味しいよ」と、ランチをエンジョイしています。

日本人の私だけが、ランチの後のミーティングに気持ちが飛んでいるので、「俺の気持ちを察してくれないかな」と気が気ではなく、まともに昼のランチを楽しむどころではなくなっています。

次の予定がどうなっていようとも自分たちのランチを十分に楽しむわけですから、当然のようにミーティングには遅刻です。

会議のスタートが遅れて相手を多少待たせても、同僚はまったく悪びれるところがありません。また、待たされた来訪者も大して気にしません。お互い気にしないのです。ここが日本人の私にはストレスでした。

ヨーロッパでは、時間を守ることにはおおらかで、ギスギスしていないといえます。時間に厳格な日本人は、アポイントメントの時間に相手が遅れると、怒り出す人もいますが、ヨーロッパでは「よくあること」と割り切ることです。

待たせた相手が怒っていようと、相手はその場の空気を読まないで商談を進めようとしますから、カッカしないで気を静めて商談に集中することです。何せ、相手は空気を読むことはしない人たちですから。

銀行の窓口で世間話に花が咲く

場の空気を読まないで自分の都合を優先する姿は、日常生活の中でもさまざまな形で見られます。

典型的なのが、銀行窓口でのことです。日本では月末になると銀行の窓口がとても混雑します。待っている人は、少しでも早く自分の番が来るように思いながら、おとなしく待っています。そうした事情を十分に知っている窓口の行員は、待ち時間をできるだけ短くするため、効率を考えて対応しています。

ヨーロッパの銀行でも月末は同じく混雑しますが、一つだけ違う点があります。それは、用事が終わった客が銀行窓口の行員と世間話を始めることです。後ろに長い列ができていてもお構いなしです。窓口の行員も、おしゃべりをやめさせようとはしません。しかも、後ろに並んでいる客は文句一ついわず、じっと耐えて待っているのです。

銀行窓口の光景は日常茶飯事です。オランダに来てこの光景を目撃したアメリカ人の友人も、「アメリカでは窓口でぺちゃくちゃ関係ない話をしていたら、後ろから文句は出るし、オレも文句を絶対にいうよ」と、あきれ顔でした。

自分が会話を楽しむためには、他人がどう思おうとも、その場の空気を読まないで話をし続けるのです。デンマークやオランダに限ったことではなく、ヨーロッパではごく当たり前に見られる光景です。

日本のシステムに慣れた人がヨーロッパで生活していると、日本とはまったく違うスピード感にストレスがたまります。これは日本人だけが感じるというよりは、ヨーロッパ以外で生活したことのある人なら誰でも感じるようです。とくに日本で長年生活をしているヨーロッパ人は、生まれ育ったヨーロッパのもたつき、のろさにストレスを感じるようになるそうです。

日本に長年住み、自国に帰ったオランダ人と話すと「オランダのお店で店員が、商品が届くのは明日といったら、来週という意味だね」「そうそう、それで来週といったら来月という意味だよ」「来月といったら来年以降という意味だよ」と、二人でまるで笑い話のような会話をしたことがあります。

4　ヨーロッパにヤマト運輸はなかった

品物が届くだけで満足する程度のサービス

日本では、宅配便で荷物を送ると、配達日時だけでなく時間指定まででき、伝票に記載された「追跡番号」を調べると、荷物が営業所に届いたところなのか、配達中なのかという状況を知ることができます。あまりにも至れり尽くせりのサービスです。

ヨーロッパでは郵便会社が宅配便を扱っています。それは日本とは比べものにならないほどお粗末なサービスで、配達されるのは明日なのか、明後日なのかさえ分かりません。

そもそも荷物が届かないことがよくあります。途中で品物が無くならずに届けば、それだけで満足という程度なのです。

送った品物が途中で無くなって届かないことはとくに珍しいことではなく、ちょくちょくあります。日本人の駐在員の中には、日本の両親から送られてくる子供のおもちゃ、洋服、お菓子が二回に一回しか届かないと、そのいい加減さに憤っている人を、両手で足らないほど知っています。北米では送った品物が無くなることはないようですが、ここヨーロッパでは無くなるのです。

何しろ、ヨーロッパは郵便事情が悪いのです。原因はさまざまな価値観を持つ、いろいろな人種の移民が増えたからだと、オランダ人の友人はいっています。「昔は郵便物が無くなるなんてことはなかったし、毎朝、牛乳が玄関に配達されても無くなることがなかったんだよ。それが今じゃ、玄関になんか置いてあったら無くならないほうが不思議になってしまった」と、嘆いていました。

クーリエサービスは商品が届くけれど高い

ヨーロッパでは郵便会社が小包を運んでいて、日本のような宅配便がありません。宅配便に代わるものとして、ＤＨＬなどのクーリエサービスがあります。クーリエサービスに頼むと、無くなることなく相手に確実に届きます。追跡サービスもあります。しかし、小

確実に荷物が届くクーリエサービスは料金は高いのにサービスでは日本の宅配便には及ばない（オランダ）

さい小包一個でも円に換算すると一万円近くになります。

日本の宅配便は、標準サイズの小包を東京から大阪に送っても、料金は一五〇〇円ほどです。ついでに調べてみたら、同じ大きさの小包を北海道から沖縄まで送っても、約二〇〇〇円で送れます。距離にしたら約二三〇〇キロメートルも離れていますが、それでもこの料金ですから驚きです。

ヨーロッパのクーリエサービスは、冷蔵や冷凍で物を送ろうとすると、送料は数万円もかかります。それなのに日本のような冷凍庫付きトラックなんてありませんから、ドライアイスを使って配送することになります。

受け取りのタイミングが合わないと、ドライアイスが溶けて冷蔵・冷凍効果がなくなり、品物は使い物にならなく（食べられなく）なります。

　私は食品の冷凍サンプルを送付するときに何度か使ったのですが、そのたびに食品は溶けてしまって使い物になりませんでした。高いお金を払ったにもかかわらず、こんなありさまでした。結局、自分の車で運んだことも、一度や二度ではありませんでした。今も冷凍サンプルの配送には苦しめられっぱなしです。

　ヨーロッパは日本と比べると、国土は広く都市人口が少ないので、配送を効率化しにくく、一人で運べる範囲、個数が限られています。そのため、日本の宅配便のように値段が安く、時間に正確なきめの細かいサービスができにくいのは分かるのですが、「ヤマト運輸か佐川急便があれば」と思わないことはありません。

　日本人には当たり前のサービスも、ヨーロッパでは受けることができないのです。日本の宅配便は送った品物が相手に確実に届くし、しかも送料がべらぼうに安い。冷凍物の配送ですら一〇〇〇円を超える程度です。これは日本人が作り上げた世界で唯一無二の傑作だと思います。

5　すぐに壊れるような製品でも売れる

実際と違っても価格が安いと買ってしまう

日本では競争が激しいことに加え、ユーザーの品質に対する要求レベルが高いこともあり、初めから動かなかったり、すぐに壊れたり、品質にばらつきがあるような粗悪な製品は、すぐに市場から駆逐されます。そのため、悪い商品を作って売る会社はありえないと端から思い込んでいます。しかし、それが通用するのは日本だけの話です。

私はヨーロッパで日本製の食品機械を販売していたこともありました。工場に売り込みに行くと、欧米、日本以外のアジア製の機械などが稼働しています。機械の稼働状況をオーナーや工場長に聞くと、「よく壊れるし、部品にサビが出る。カタログのスペックどおりに生産数量ができた試しはない」と、異口同音にいいます。

機械を導入するときに、なぜそんな機械を購入したのかと聞くと、機械メーカーから「当社の機械は性能的には競合機種と同等で、一日一万個を生産できますし、頑丈で長持ちします」などといわれたといいます。実際とはまったく違うのに、いかにも優れた製品であるかのような売り込みをするそうです。そして、経営者にとってとても魅力的なことに、何よりも価格が安いといいます。

セールストークとはいえ、性能がほぼ同じで価格が安いとなれば、工場側は食指が動きます。ところが、購入して機械を稼働してみると、「すぐ壊れる」し「生産数量もカタログ値に達しない」悪い製品を買ってしまったと、後悔するハメになります。

そもそも、日本製の機械ですぐに壊れる、スペックどおりの生産ができないというのは、とても考えられないことです。日本人にとってカタログに記載されたスペックは最低限の性能を保証するものです。カタログ値をクリアできないような製品では競争に負けることが明らかです。

なによりも、ユーザーに要求された最低限の品質は軽くクリアしたうえで、音が静か、コンパクト、省エネといったさらに高機能な良い製品を作ろうと努力しているのです。

安い製品を買って多発するトラブルに悩まされる

過去に日本製の設備や機械をヨーロッパの会社に納入して、その設備、機械が問題になったことは一度もありませんでした。すべての設備や機械は何年も当たり前のように動き続けています。

ところが、いろいろな工場を見せてもらうと、そこで使われている設備や機械はしょっちゅうトラブルを起こしています。トラブルを起こす設備や装置は中国製や東南アジア製だけでなく、ヨーロッパ製もあります。

ある食品工場では中国製の設備のトラブルを聞かされました。

食品工場内で使う大型のバットを洗う大型の洗浄機、ベルトコンベヤー付きの巨大な皿洗い機みたいなものですが、試運転では何も問題がありませんでした。ところが、なんと一週間後に洗浄できなくなったというのです。原因は洗浄機の内部にある回転するスプリンクラー五カ所が止まったことでした。

回転軸は錆びないステンレス製が使われているのですが、ヨーロッパの水は硬水なので金属部分にミネラル分が付着して、スムーズに回転できなくなったのです。ヨーロッパメーカーのスプリンクラーの回転軸は硬質プラスチックで、ミネラル分が付着しない構造になっていますが、中国のこのメーカーは水の質の違いを知らなかったようです。さらに、数週間後にはパッキングで使っているゴムが高熱と、ミネラルの多い硬水によって劣化し、ゴムが堅くなって割れてしまい、そこから水漏れが始まってきたのです。

中国機械のヨーロッパ代理店は、しょっちゅう工場を訪れてメンテナンスをしていましたが、一年の保証期間が過ぎてからは修理費用が実費となり、修理費用がかさみ始めました。結局、その工場の経営者は中国製の機械を修理するのをあきらめて、新しく値の張るドイツ製を買っていました。工場のオーナーは「安いので中国製を買ったのに」とため息をついていました。

試運転繰り返してもスペック表どおりの性能が出ない

別の工場の話ですが、こんなこともありました。

取引先の会社の社長が、古くなったローストチキンなどを焼く機械を更新し、最新鋭の連続式で焼く大型の機械を二台買って置き換えるというのです。「製造能力は従来の四倍ぐらいになるよ。二カ月後にその機械が動くから、新製品を出すんだ」と張り切っていました。

私も期待して、設置一、二カ月後ぐらいから、そのメーカーと共同で商品開発をする予定にしていました。ところが、すでに機械は据え付けられたはずなのに、待てど暮らせどスケジュールがまったく決まらないのです。

そこで工場に出向いてみると、真新しい連続式焼き機が二台設置されているのですが、まったく動いていません。すでに設置して一カ月は経過したはずです。社長にどうしたのか聞いてみると、試運転で何度繰り返しても指定温度まで上がらないといいます。

事前にメーカーは実地テストをしているし、その温度までは出るとスペック表に書いてあります。それなのに据え付けたらスペック表どおりの性能が出ません。メーカーのいっている話と違うと、社長は怒り心頭です。メーカーも温度が上がらない理由をつかめずに、テストだけで四週間もかかっているということでした。

どうやら、機械に供給するスチームのパイプの長さの問題らしく、狭いところに二台入れたものだから、スチームパイプが長くなり、温度が上がらなかったようなのです。そこで、新たに温度の高いスチームを作るか、熱効率の高いパイプに変えるかを検討しているとのことでした。

日本のメーカーではあり得ないミスが多発する

この話を聞いて足が震えました。この会社はスーパーやコンビニなどに商品を供給しているメーカーです。商品の供給ができない事態は避けなければなりません。お金の問題ではありません。何が何でも商品の供給をしなければならないのです。「リテンション金（機械メーカーとの契約の後払金＝二〇七ページに詳述）は払わないけど、俺にとっては遅れが致命的なんだ」と声を落としていました。

結局、どうなったかというと、予定より四カ月遅れで、なんとか機械は所定温度に到達しましたが、そのために工場に設置したばかりのパイプをはずして、新たにパイプを設置する図面を作り、工場の壁を抜いたり、パイプを高い位置にしたりと、追加工事をしていました。

この手のミスは、日本メーカーの製品ではあり得ません。日本メーカーの場合は現地エンジニアがまず現場に来て、重要ポイントを何回もチェックしてから見積もり、それから契約へと進んでいきます。でもおおらかなヨーロッパでは、この手の話が繰り返されているのです。

こうした例を見てきて感じるのは、欧米では悪い商品も売れるという事実です。それも、うまくやればたくさん売れるのです。日本ではとても考えられないことが、ヨーロッパでは起こっているのです。

6　経済効率を徹底させて日本の先を行く

効率を追求した世界最大の花市場

オランダはチューリップが有名ですが、チューリップだけではありません。ヨーロッパで花といえばオランダです。オランダの花が競争力を持ち、世界的に有名になったのは、アムステルダム空港のすぐ近くに、世界最大規模のアールスメール花市場を作ったからです。私も三〇年前にそれを見て、その規模の壮大さ、交通の便の良さ、とてつもなく広い

広大な市場で花の仕分けが行われている（オランダ・アールスメールの花市場）

無料のパーキングに心の底から驚きました。ちなみに、アールスメール花市場が一年間に取り扱う花の本数は一二五億本だそうです。

なぜこうした巨大な花市場をつくったのかというと、それは経済効率を徹底させて、競争力を維持する戦略なのです。

ヨーロッパは人口密度が低いので、日本の宅配便と比べると、小口の物流コストはどうしても高くなります。同じような配送を行っても、日本と同じ宅配便料金では採算が取れないのです。

一方で、高速道路をはじめとして、道路網が整備されているため、三〇〇キログラム以上の大口貨物は効率的に配送できるので、比較すると日本よりも物流費は安くなります。これを突き詰めて、物流コストを極限まで引き下げて、競争力のある商品にしようというのが、アールスメール花市場のコンセプトなのです。

日本は中国よりも非効率？

日本の同じ花市場を見渡してみると、世界から成田に到着した花は、一カ所の花市場に集められるのではなく、小さな花市場に送られて競りにかけられます。東京には中央卸売市場だけでも七つもの花市場があります。首都圏にはそれ以外にも全部で四三の花市場があります。

成田に着いた花はこうした小さな市場に運ばれて競りにかけられるのですから、オランダと比べるととても非効率です。それが花の値段に反映されます。オランダと比べて花の値段が異常に高い理由は、規模の小さな花市場に向けて頻繁に配送するため、輸送にかかる時間と配送費用、人件費が余分にかかるからです。

それなのに、日本ではいまだに何の戦略もなく、非効率な市場運営を続けています。外国と競争するという意識がまったくないのです。

中国では、オランダ最大の花市場アールスメールをまねして、同じ規模の花市場を昆明空港そばにつくりました。中国が経済効率を考えてつくったもので、世界から中国に届く花はすべてここに集められます。

日本から輸出された花もここに届き、競りにかけられてから中国国内の花屋さんに送られます。びっくりしたのは、日本の鉢物は輸出先の中国では、日本で売られている価格よりも安く、中国国内で販売されているという事実でした。効率的な市場運営を行うことで、消費者に届くまでのコストを大きく減らすことができるから、価格の逆転が起きているのです。今では日本はまったく太刀打ちできない状況にあるのです。

こうしたことはあらゆる分野で起きていて、ヨーロッパ諸国だけでなく、中国はもとより他のアジア諸国の後塵を拝しているのです。

残念ですが実は、ヨーロッパ(海外)から日本を眺めると、本当に日本は沈没寸前のように見えます。これはヨーロッパで仕事をしている、あるいは居住している日本人が感じていることで、「日本はやばいですね」は今や共通認識になっています。

7　日本風の甘い菓子パンのにおいに大騒ぎ

菓子パンのにおいにクレームがついた

ヨーロッパでスーパーのチーズ売り場のそばを通ると、強烈なにおいが鼻に飛び込んできます。こんなにおいを嗅いでいるようでは、ヨーロッパ人はにおいに鈍感かというと、それとは真逆で、においにはとても敏感なところがあります。

チーズのにおいは平気でも、ヨーロッパ人には日本食でにおいのきつい発酵食品、納豆や漬け物、発酵調味料はなかなか受け入れてもらえません。日本酒も独特の香りがある酒はだめで、においのない酒が好まれます。とくに、熱燗にしたときのモワッとする香りは苦手な人が多いようです。

あるとき、ドイツで日本人が現地の日本人を相手にパン屋を始めました。パンの本場で日本人がパン屋を始めたのです。そこで売り始めたのが菓子パンです。あんパン、クリームパン、メロンパン、日本のパン屋ならどのお店にも並んでいるようなパンを焼き始めたのです。

日本人にとっては甘い香りが食欲をそそりますが、近所の住民からはクレームがつきました。「パンのにおいは良いけどあの甘いにおいは何だ」というわけです。私たち日本人にとっては、ヨーロッパのパン屋さんのパンを焼くにおいも、日本のパン屋さんのパンを焼くにおいもあまり変わりのないように思いますが、現地の人にとってはまったく違うと感じるようなのです。

パン屋のオーナーが甘いにおいのわけを説明しましたが、甘いにおいは耐えられないといわれてしまいました。結局、煙突の長さを伸ばして屋根より高くし、においを周囲にまき散らさないことで収まったのですが、ドイツ人はこれまで知らなかったにおいに敏感に反応したのでした。

日本人が気づかない大麻のにおいに反応する

においに関しては、私のオランダのレストランでもこんなことがありました。

レストランの厨房で焼き鳥のタレを作っていたら、いきなり警察官が飛び込んできたのです。においが外に漏れないように窓を閉めて作業をしていたのですが、醤油のにおいが外に出ているらしく、近所から警察に電話があったそうです。やってきた警察官からは何をやっているのだと質問攻めにあいました。その警察官は材料に使っている醤油を知らなかったので、説明するのが大変でした。その後も近所からの通報があったようで、一度ならず何度か警察官がやってきました。

あるとき、やはり警察官が数名、いきなりレストランに飛び込んできて、レストランの内部や地下倉庫などを片っ端から調べ始めました。そして、「この甘いにおいは何だ」と、レストランにいた私たち日本人に質問してくるのですが、何のにおいかさっぱり分かりませんでした。

そのうちに一人の警察官が「ここじゃない。においがするのは隣だ」といい、隣の地下倉庫を案内しろといいます。しかし、隣の倉庫は私たちの倉庫でないので、案内のしようがありません。

そうしたら、隣の倉庫に繋がるドアを無理矢理開け始めたのです。すると、こうこうと光るおびただしい電灯と植物プランター、それに乾燥装置が置いてありました。何のことはない、大麻を育てて乾燥大麻を製造する工場になっていたのです。その直後、顔見知りのオランダ人数名が逮捕されました。この事件は新聞にも載りました。

不思議なことに、私も従業員も別段鼻は悪くないのですが、この乾燥大麻製造のにおいには、日本人全員がまったく気づきませんでした。もしかすると、日本人と欧米人では嗅覚が違うのだと思わせるできごとでした。

ヨーロッパではにおいは、近所迷惑などで問題になることが多いので、とても神経質に対処していました。

8 意味のない鮮度よりもコストにこだわる

肉や魚は素材よりもソースの味で食べさせる

日本人は食べ物の鮮度に異常なほどこだわっているように思います。「魚は取れたてがうまい」「新鮮な刺身は歯触りが違う」「朝採り野菜はみずみずしく美味しい」など、食べ物の鮮度に関してはとにかく敏感です。

鮮度がいいから生食をするのか、生食をするから鮮度を求めるのかはさておき、日本ほど生食をする国も珍しいのではないでしょうか。

いまから三〇年ほど前、ヨーロッパで現地の人に「魚を生で食べたことがあるかい」と聞くと、ほぼ一〇〇パーセントの人が「食べたことがない」と答えました。ヨーロッパでは、海に面していて比較的魚を食べる地中海沿岸の国でも、生で魚を食べることはまずありません。煮たり焼いたりして火を通して食べるのが普通です。オランダには酢に漬けた生ニシンを、刺身のようにそのまま食べるハーリングがありますが、これは希な料理です。基本的には、煮たり焼いたり火を通して食べるのが普通です。

鮮度がいいとはいえない食べ物を美味しく食べるために、ヨーロッパでは香辛料やソースを使った料理が発達しました。素材の味を香辛料やソースでごまかして食べるためです。肉には香辛料やルーを使い、魚は油で揚げたり焼いたりしたうえにケチャップやマヨネーズを使うというように、素材そのものの味を楽しむというよりはソースの味で食べさせていたのです。

食品の鮮度にあまり気を配っていないことは、魚介類の販売方法を見てもわかります。日本では、魚は冷蔵のショーケースの中で売られていますが、ヨーロッパでは市場などで氷の上に乗せただけで売られています。生食をしないので、鮮度が多少落ちてもかまわないのでしょう。温度管理などまったく考えていないようです。

扱い方がこんなふうですから、日本では客寄せのセールスポイントになる「取れたて」「もぎたて」「産地直送」などの新鮮さをアピールするキャッチフレーズも、ヨーロッパでは何の役にも立たず、広告の意味はまったくないのです。

ヨーロッパでは鮮度が良いイコール美味しいという意識がありません。日本のように鮮度にこだわったところで、お店やレストランの売上げが上がることもなく、来店した客も鮮度がよくて美味しいといってリピーターになることもないので、客数が増えるわけではありません。結果として鮮度の追求はおろそかになるのです。

むしろ、ヨーロッパ人の感覚であまり意味のない鮮度にこだわると、コストが上がることになり、それが値段に跳ね返ると客足が遠のく原因になります。

成功している日本食レストランは加熱する食べ物

火を通してから食べる文化の地域で、鮮度を重視する日本食レストランを経営するのはとても大変です。小さな日本食レストランはまだしも、日本食レストランのチェーン店になると、鮮度の良い食材を大量に確保しなければなりませんが、ヨーロッパではそれが簡単ではありません。

ヨーロッパに進出しようとする日本食のレストランチェーンなどが、鮮度にこだわるのは日本人だけだということが理解できないところに、ヨーロッパでなかなか成功できない理由の一つがあります。

ちなみに、海外で成功している日本食レストランのチェーン店は、ラーメンやうどんなどのように火を通して食べるものです。しかも残念なことに、成功しているレストランチェーンのほとんどが地元資本の中国系かユダヤ系で、日本人が経営しているレストランではないのです。

ヨーロッパには食品の安全性について、日本以上に厳しい基準があります。化学薬品や食品添加物の使用制限、また食品の保冷、冷凍についても、法律で厳しく基準が決められています。

ところが、現実は鮮度を保つ意識が薄いので、保冷、冷凍の流通システムが発展していません。あったとしても大雑把で、保冷、冷凍温度の管理も雑です。こうしたことも、鮮度を優先する日本食レストランチェーンにとっては、ネックになっているのです。

9　店内の照明は少し暗いぐらいがちょうどいい

レストランが暗い理由はヨーロッパ人の目にあった

ヨーロッパでは、どのレストランに入っても、照明が暗いと感じていました。どうしてもっと明るくしないのか、不思議でなりませんでした。

日本では、ファミリーレストランやコンビニの店内はとても明るいですし、街のレストランや割烹料理店でも、コンビニほどではなくても、明るいのが普通です。また、素材や料理も明るいほうが美味しく見えます。

ヨーロッパのレストランの照明が暗いと感じていた私は、アムステルダムに開店した焼き鳥店では、客室の明かりを日本と同じくらいの明るさにセットしようと考えていました。食べ物がおいしく見えるには、ある程度の明るさが必要だからです。おいしく見えることは、レストランが評判を呼ぶうえで、味と同様にとても重要でした。

ところが、私がセットした照明の明るさを、オランダ人のスタッフはいつの間にか暗くしていました。初めはなにかの間違いだろうと思って、何度かちょうどいい明るさにセットし直すのですが、そのたびにオランダ人スタッフは暗くしてしまうのです。

「君ねえ、これだけ暗いと焼き鳥の塩とたれの区別がなくなってしまうだろう？　胸肉の塩焼きは白く、たれは茶色に見えるのがおいしさを増す秘訣なんだぞ」と、私はスタッフを叱りました。

そうすると、スタッフは次のように返してきました。

「ツカタニさん、あれではまぶしすぎて料理を楽しめません。この明るさで違いは十分に分かりますよ」

私は驚いてしまいました。

目の色素の関係で暗がりもよく見える

後で知ったのですが、ヨーロッパ人のブルーやグレーの瞳は色素が薄いので、暗がりでもよく見えるらしいのです。私には暗すぎる照明でも、ちゃんと焼き鳥の塩とたれの区別ができているのです。日本人の黒い瞳は、ちょうど彼らの目にサングラスをかけた状態で見ているようなもので、暗いとよく見えませんが、彼らの目にはちょうどいい明るさだというのです。

太陽がさんさんと降り注いでいるときだけでなく、曇りの日でもヨーロッパ人はサングラスをかけている理由がはっきりと分かりました。サングラスは彼らにとっては欠かせないものなのです。

黒い瞳の持ち主である私がちょうどいいと思う明るさだと、ヨーロッパ人にとっては夏のギラギラした太陽の下で見ているような感じで、目が疲れるし、反射でよく見えないんだと知りました。とても食事を楽しむどころではなかったのです。

その後は手元はスポットライトで明るくして、店のライトは全体を絞り暗くしました。スポットライトは料理を照らすだけで、目には刺激を与えないからです。

ヨーロッパのレストランの店内が暗いのは、それなりの理由があったのです。

装飾は壁一面を埋め尽くすのがヨーロッパ流

もう一つ、ヨーロッパ人は日本人の感性と決定的に違うことがあります。それは「空間」の装飾に関してです。

私たち日本人は、絵を飾る、花瓶を置くという場合、周辺の余白を大事にします。絵は壁の右端に置くか、それとも真ん中に置くか、高さはどうかなど、壁の余白とのバランスを含めて装飾と考えます。

ヨーロッパで日本食レストランを出店したとき、私は日本人の感覚で左右の長さが一〇メートルほどの壁に、余白をたっぷり取って、大きさの違う絵を三点だけ飾りました。いいできだと思って「いいできだろう」とオランダ人のスタッフに同調を求めたら、「ぜんぜんよくないですね」といわれてしまいました。

ヨーロッパでは内装や外装は、なるべく壁を埋め尽くすようにするそうです。それもカラフルな絵やリトグラフなどで、飾れる壁は埋め尽くし、ゴテゴテにするのです。

日本人にしたら、外装には赤提灯に赤いのれんが下がり、壁一面に色とりどりの絵が脈絡もなく飾られていたら、この店のオーナーは「趣味が悪い」「センスがない」と感じます。そして、いかにも安っぽいと思うことでしょう。

オランダといえば、レンブラント、ゴッホ、フェルメールなど、世界的に有名な画家を生み出した国ですから、オランダ人はみなセンスがないということではないでしょう。

理由を聞いて分かりました。オランダを含めたヨーロッパ人は、日本人の感覚とまったく違うのです。ヨーロッパ人は装飾が何もない壁は、圧迫されているようで怖いと感じるそうです。それに、何もない壁は貧しさの象徴と感じるので、とくにレストランにはふさ

壁面が絵や写真などで埋め尽くされたオランダ料理店内

わしくないのだそうです。それが、壁に過剰な装飾をさせるのです。

そういえば、ヨーロッパのお城などを見学していると、壁一面に隙間がないほど絵を展示している部屋があったりします。あれはいいかげんに並べているのではなく、ちゃんとした理由があってのことだったのですね。

もう一つ。日本の文化は日本庭園や盆栽など見ても分かるとおり、非対称の文化です。しかし、ヨーロッパは教会の建物などを見ても分かるように、左右対称の文化です。左右対称にしないと心が落ち着かないというのです。左右非対称は見た目が変なので入口の装飾、内装もなるべく左右対称になるよう、店のスタッフからアドバイスを受けました。そこで、店の入口の提灯を左右対称になるよう二つ飾りました。

レストランを出店するのは日本ではなくヨーロッパです。ここはスタッフの意見を取り入れました。その結果、レストランの店内の壁は、赤色の多いカラフルな日本画、東洋趣味のリトグラフ、浮世絵であふれるようになりました。

生まれ育った背景や文化を意識しないで、日本の感覚をストレートに持ち込むと、とんだしっぺ返しを食らうことになります。

10 ヨーロッパ人の自信ありげな態度にだまされない

詐欺事件に巻き込まれて大損を出した

商社に勤務していた時代のことです。デンマークのコペンハーゲン事務所では、日本の家電製品を北欧や東欧諸国に販売していました。担当していたのは同僚です。あるとき、この販売をめぐって詐欺事件に巻き込まれ、裁判沙汰になりました。そして、裁判で負けて大損を出してしまったのです。

私はこの件の直接の担当者ではありませんでしたが、このいきさつをそばで見ていました。そのときの大きな疑問は、同僚はなぜこの詐欺師を信用してしまったのかということでした。

その詐欺事件とは、一人のデンマーク人、仮にマイクとしておきましょうか。同僚が彼を深く信頼してしまったことに始まります。

家電製品は、おもに北欧や東欧に販売していたのですが、もくろみが外れてテレビや冷蔵庫、洗濯機など大量の家電を在庫として抱えてしまいました。その在庫をさばくに当たり、取引先の一社であるスウェーデンの輸入代理店から、助けになる人物としてマイクを紹介されたのです。

マイクはコペンハーゲンに自分の事務所を構えていて、個人で東欧諸国と北欧諸国の雑貨の輸出入を生業にしていました。同僚は、そのルートを使って日本の家電製品を販売してもらうことにしたようなのです。

詐欺師は徐々に内部に入り込んできた

もくろみ通りにマイクは販売に成功して、在庫になっていたテレビや冷蔵庫などを売り、現金回収もきっちり行っていました。そして、売上げから数パーセントのコミッションを受け取るようになりました。その関係を続けるだけならそれほど大きな傷を負うこともなかったでしょう。

商売を大きくしていく中で、在庫状況の確認などをするために、マイクは日常的に事務所にやってくるようになりました。そうなると、事務所内に机があったほうが便利だということで、机を貸すようになりました。その後、マイクは事務所によく来ては、まるで自分の机のように使っていました。たまに、取引先の客が事務所にマイクを訪ねてきて、打ち合わせをしていることもありました。

そしてあるときから、販売してもまったく入金がなくなり、マイクはほどなくして姿をくらませてしまったのです。

マイクがいなくなってしまってからは、東欧の取引先からは「マイクに金を払ったけど、商品がいっこうに届かない。いったいどうなっているのだ」と、何人かが直接事務所を訪ねて来ていました。

それらのお客さんは、マイクが当社の社員だと思い込んでいたのです。実際のところは販売補助業務だけを行っていて、在庫を持って販売をしているのでないことは知りませんでした。マイクとの契約では、あくまでも在庫販売は当社で、契約書、配送手配、入出金も当社が行う契約になっていました。

当然、東欧の取引先から会社とマイクの両者が裁判に訴えられました。裁判では、販売補助を委託した人物の机を社内に置いたことが紛らわしく、誤解を生んだということで、その損害のほとんどの責任は当社にあるとの判決が出て敗訴しました。

卸売りや小売りに限らず、販売する仕事に就いている人なら誰でも、売ることと資金回収は一対であることを知っています。これは絶対に守るべき商売上の倫理なのです。ですから、積み上がった在庫をできるだけ早く売りたいとの思惑で、マイクに全幅の信頼を置いたとは思えません。何かがあったはずです。

目を見て話す話術にだまされた

そこで気づいたのが、相手と話すときの日本人とヨーロッパ人の違いです。

日本人は相手の目を見つめて話すことはありません。じっと見つめて話されると「顔に何かついていたのかな」「ひょっとしたら鼻毛が出てるかな」などと、見当違いなことを心配する人もいるようです。

ところが、ヨーロッパでは相手の目を見つめて話すのが当たり前です。それが常識、礼儀なのです。目をそらして話すことは、失礼であると同時に、相手に「コイツ怪しいぞ、話の内容に問題があるんじゃないか」と思わせることになるのです。

また、見つめられて話すことに慣れてない日本人は、ヨーロッパ人の青い大きな目で見つめられると、「自分に自信を持っているから目をそらさないで話すのだ」と一方的に思い込んでしまい、何の裏付けがなくても、いつの間にか当のヨーロッパ人をすぐに信用してしまいます。

事実、マイクは北欧人で、青い大きな目をしていました。そして、人と話すときはつねに正面から目を見つめて話していたことを思い出します。同僚は、この目を見て話すマイクを信用してしまったのでしょう。それに、詐欺事件の常套手段とはいえ、最初はまじめに仕事をしていたので、ことさらに信用してしまったのでしょうか。

日本人は、大きな目でじっと見つめて話すヨーロッパ人相手では、いとも簡単に相手を信用してしまう傾向があるので注意が必要です。強い視線、逸らさない視線、大きな目の視線に、日本人は慣れていません。そのため、簡単に信用してしまって、騙されて失敗した日本人ビジネスマンをたくさん知っています。しかも、ヨーロッパでは日本のように、簡単に個人信用調査ができません。

相手の目を見て話さない日本人は信用されにくい

日本人のビジネスマンだけでなく、日本人女性もこの視線によってすぐに相手を信用してしまう傾向があります。それに一般論ですが、日本人男性よりヨーロッパの男性は女性に対して優しいのです。

オランダ人、デンマーク人とそれぞれ結婚した日本人女性に聞くと、いろいろと気を遣ってくれて優しいので結婚相手に決めたといいます。

優しくエスコートしてくれるだけでなく、朝からコーヒーを淹れて朝食の準備をしたりと、女性に対してまめに行動します。

なかでもラテン系のイタリア、スペインの男性は、女性に対して優しく言葉も巧みです。前にも書きましたが、若い北欧女性、金髪の青い目の女性の間では「イタリア、スペインの男性にはだまされるな、注意しろ」が合い言葉になっています。北欧三カ国（スウェーデン、デンマーク、ノルウェー）の金髪女性から同じ話を何回か聞きました。北欧の女性はそれでなくても黒髪、黒い瞳のイタリア、スペインの男性に弱いのです。北欧の金髪女性は、実は黒髪、黒い瞳の日本人男性にも弱いのです。

閑話休題。日本人だけでなくアジア人はヨーロッパ人に弱いので、信用されやすいとうそぶいているヨーロッパのビジネスマンはたくさんいます。ビジネスでは与《くみ》しやすしと思われたら、こちらが主導権を握って商談を行うことができなくなります。絶対に相手のヨーロッパ人の持つ雰囲気に飲まれないことが大切です。

ヨーロッパでは相手の目を見て話すのは当たり前のことで、それによって「信用できる」「信用できない」の判断基準には一切なりません。目を見て話しかけているヨーロッパ人と約束しても、それが必ず履行されるわけではなく、自分の都合によっては約束は簡単に反故にされます。

私の経験では、ヨーロッパに来てすぐのころが一番騙されやすいのです。相手は騙すつもりはなく、いつもの習慣で相手を見つめて話しているだけなのですが。

ちなみに、日本人は相手の目を見つめて話さないので、逆にヨーロッパ人からは信用されにくいのです。ヨーロッパでは相手の目をじっと見て、目をそらさないで会話をしましょう。そうするとわりあいに早く信用されます。

第３章
ヨーロッパ人が見る日本と日本人

空港のキヨスクから日経新聞が消えて今では中国語の新聞が並んでいる（オランダ）

1　しゃべらない日本人は不気味で得体が知れない？

意見をいわないので好意的に見られない

「口は災いの元」「雉も鳴かずば撃たれまい」「舌は禍の根」など、日本には昔からおしゃべりを戒める格言がたくさんあります。こういう社会に育っているので、ビジネスの場では、相手に気を使って話題を取り上げることになります。

そして、まずは聞き役に回って相手を観察し、どんなことに興味をもっているとかどんな考え方の持ち主であるのか知ろうとします。そのうえで相手に合わせて話を進めるのが日本の社交術といってもいいでしょう。

海外で活躍する日本人の多くも、人に会うときはこの処世訓が頭をもたげてくるようです。考えてみれば、海外は、それこそ自分とはかけ離れた世界であり、文化も歴史もまるで違います。様子見をしなければならない場所だから無理もありません。

したがって、初めての人と会うときは、相手がどういう人なのかを推し測るために、はにかみながらあいさつをし、差し障りのない話をしながら、相手の出方を見ます。そして、相手の情報を引き出すために小出しに「あなたはどういう人なの」ということを知りたがります。

当のヨーロッパの人たちは、日本人のこうした態度をどう見ているのでしょうか。日本人をある程度知っているヨーロッパ人は、日本人は基本的におとなしく、シャイだとまあまあ好意的に見ています。ところが、日本人をまったく知らないヨーロッパ人は、日本人が静かにしている態度を好意的に取らず、何も意見をいわないので得体が知れない、不気味な人間と捉えているのです。

ヨーロッパ人には日本人の顔は誰でも一緒に見える

日本人には実に分かり難いのですが、いくら自分がニコニコしたつもりでも、白人、ヨーロッパ人には東洋人の表情が読めないといいます。彼らには、どの顔も似ているように見えてしまうらしいのです。にわかには信じられないかもしれませんが、それが現実です。私も初めて会うヨーロッパ人に「日本人の顔は誰でも一緒に見えて表情がつかめない」と、何度もいわれました。

黒い瞳、黒髪で東洋人の顔立ちに見慣れていないので、表情をよく読めないのです。逆もまた同じで、私も最初の頃は、ヨーロッパ人は誰も彼も顔が似ているように見えていました。慣れてくると、表情も読めるようになるし、次第にヨーロッパ人でもロシア系、ドイツ系、フランス系の顔だとか、アングロサクソン系だとか分かってきます。

ですから、まずは自分をさらけ出して相手に何かを伝えることからコミュニケーションを始めます。そのとき、表情や態度は大げさに表すことです。それによって、相手の不要な警戒心は和らいでくるのです。

現地でミーティング後のビジネスパーティーなどに出席すると、ヨーロッパ人は例外なく、目があえば「ハーイ」とか「ハロー」とにこやかに語りかけてきます。そして、自己紹介をした後で「コールミー・ボブ（ボブと呼んでくれ）」などと、ファーストネームで呼んでくれと言います。

日本人にとってはボブの行為はなれなれしく感じますが、これはヨーロッパの歴史から来た処世術なのです。

ヨーロッパは一〇〇〇年以上にわたってずっと戦争をし続けていました。領土を取ったり取られたり、戦争しては和議を結び、また戦争を始めるという連続だったのです。第二次世界大戦後、これ以上の戦争を避けるために、あれほど仲が悪かったフランスとドイツが手を結び、現在のEUがつくられたという経緯があるほどです。

国と国の戦争だけではありません。宗教をめぐっても三〇年戦争が起こり、殺し合いをしていました。また、ヨーロッパではいろいろな民族が入り混じっているので、その民族の対立もローマ帝国時代からありました。

また、ヨーロッパでは魔女狩りがあります。魔女狩りは妖術を使う敵を排除するために行うものです。ですから「狩り」は徹底しています。過去には問答無用で怪しい奴は火あぶりにしました。魔女狩りという訳語から、女性に対してだけのように思われますが、実際は男も女も殺戮《さつりく》された歴史があります。

喜怒哀楽を大げさに表現して理解してもらう

デンマークに駐在していたときに、毎夏、魔女の火あぶり祭りを見ました。燃える炎を見ていてぞっとしますが、恐ろしいことに燃えさかる大量の松明の中に、昔は実際に魔女と疑われた人が生きたまま吊されたそうです。

魔女なんて実際にいるわけではありません。ある日突然、あいつは怪しい、あいつは不気味だという根拠のない理由で「魔女」と断定され、市中を引き回され公開で火あぶりにされるのが魔女狩りです。

身に覚えもないのに、自分のことを他の人が知らないからといって、魔女にされてはかないません。ですから、「私はあなたの敵ではないですよ」ということを相手に伝えるため、自己紹介をしてファーストネームで呼んでくれというのです。

こうしたやりとりの後に、彼らは相手の情報を聞き出そうとするのではなく、まずは自分の情報を曝します。いきなり「あなたの情報を教えて」といわれたら相手を警戒させますが、自分の出身地はどんなところだとか、最近はこんなことにはまっているなどといった話をして、「だから仲良くしてね」というわけです。

ヨーロッパでホテルに泊まり、エレベーターで他の人と乗り合わせたとき、その人がヨーロッパ人なら、目が合ったときににこっとしたり、「ハロー」と声をかけてくるのも、「一緒に乗るけど私は危険人物ではないからね」ということを示す行為なのです。

ビジネスシーンで見られる「誰に対してもなれなれしい」と日本人が感じる態度は、ヨーロッパの歴史がそうさせるのです。ヨーロッパは日本とはまるで違った歴史が背後にありますが、その彼らから見ると、表情が乏しく自分のことをしゃべろうとしない日本人は、理解不能に見えているのです。

これはビジネスにとっては大きなマイナスです。喜怒哀楽を大げさなくらい表して、自分を理解してもらうようにする工夫が必要です。

2　日本人はなぜ会議で発言しないのか

日本人の会議は結論を承認するためのセレモニー

外国人が指摘することの一つが、日本の会議のあり方についてです。彼らが日本で会議に出席すると、口をそろえたようにいう言葉があります。

「なぜこんなに多くの会議を開くのか?」
「会議が多い割に何も決まらない」
「日本人はなぜ会議で発言しないのか?」

海外でも事情は同じで、会社で日本人と外国人が一緒に会議をすると、外国人スタッフはがんがん発言するのに、日本人は口を閉ざしたまま。まるで会議を無視しているかのように思えることがあります。もちろん、すべてのミーティングでそうだとはいいませんが、おおむね外国人から指摘されるとおりです。

日本人なら会議での決定権が誰にあるのかを全員が把握しており、おおかたはトップダウンで「採用」「不採用」が決定されることを知っています。どれだけ実のある提案がなされても、決定権のある人物の腹積もり一つで結果が変わることも心得ています。

重要な提案に関する会議の場合は、事前に根回しが行われ、事前の交渉で着地点さえも筋道だてられることがあります。かくして提案事項を用意したスタッフも、会議の場ではあまり発言することはありません。

日本の会議は承認を得るだけのセレモニーという面が強いのです。そのため、たとえ正論や斬新な意見が出されても、それが採用されることはなく、発言した人は「出しゃばり」とか「目立ちたがり」と、ネガティブな評価をされる場合すらあります。

そんなわけですから、発言して評価を落とすリスクを冒すくらいなら、黙って無難に切り抜けておいたほうがいい。日本では、そんな心理が、本来ものごとを決定するはずの会議に持ち込まれるのです。

ヨーロッパの会議室はボクシングのリング

これが海外における会議となると議論百出です。会議室はビジネスマンにとっての、ボクシングのリングみたいなもので、会議が始まったらここで議論を戦わせるのが当たり前という雰囲気が漂っています。

そもそもヨーロッパでは、子供のときから議論を戦わせるよう訓練されていますから、会議で意見を出し合うのは自然なことなのです。激しい議論を戦わせたからといって、けんかになることも、根に持つこともありません。会議で結論が出たら、自分の意見とは違っていても、その結論に従います。このあたりはさすがに民主主義の国です。サッカーやラグビーでいうところの「ノーサイド」です。

ヨーロッパでは、まず自分の意見をいわないと評価の対象にもなりません。黙っていると、その人はいないのと同じことで、その結果、いないほうが良いとなります。これがヨーロッパビジネス社会の現実です。

ことなかれで、会議ではひたすら口をつぐんでいた日本人にとっては、他人を押しのけてでも自分の意見をいうことはつらいことかもしれません。でも、海外で会議に出たら、われ先に自分の意見、考えを表明し続けることです。出しゃばっていると思われるくらいでないと、ヨーロッパでは最低・最悪の評価しかされないのです。

黙っていることは結論を認めたことになる

社内の会議に限りません。取引先とのミーティングも同じです。何も発言しないでいたら、「こいつはいったい何しに来たの?」と見られ、次回以降のミーティングでは完全に無視されて、いないものとして進行します。

日本では、会議で黙っていることは是認だけでなく、保留、良いでも悪いでもない曖昧な態度も含んでいますが、ヨーロッパでは、会議で黙っていることは、会議で決まったことに賛成したことになります。

最初のころ、このことを知らなくて、私自身は賛成でも反対でもなかったので黙っていたら、いつの間にか「あなたはあのときに賛成した」と決めつけられて、困ったことが何度もありました。

後でいくら反対だったとか、不満があるといっても、後の祭りで取り合ってくれません。「あなたは賛成した」とものごとが進んでいってしまいます。

ヨーロッパでは会議とは、議論をしながら大多数の考えや意見を集約させて、方向を決めていくものです。ですから、日本の会議と違って、会議は常にやかましい議論の場になります。ヨーロッパでは静かな会議はありえません。やかましい会議が普通で、それが良い会議なのです。

ヨーロッパで会議に出たら、黙っていないで発言することがとても大事で、それがその人物の評価にダイレクトにつながります。

3　ミーティングに決定権を持った人が出ない不思議

「検討してから返事する」が理解できない

　ビジネスミーティングで不評を買うのが、不慮の議題が持ち上がったときの日本側の対応です。答えを用意していない日本企業は判で押したように、「後ほど検討してからお答えします」といいます。

　ヨーロッパではビジネスミーティングの出席者はそれなりの決定権を持って出席しているので、たいていのことはその場で対応できます。ところが、日本企業の出席者のほうは、決定権があるのかどうかあいまいなことが多く、まるで〝子供のお使い〟です。したがって、予定外の展開には対応できず、「後ほど返事をします」の発言になります。そして、相手を困惑させてしまうのです。

　問題の中身によってはこう答えるしかないこともありますが、その場合でも日本企業の多くはいつまでに返答するのかという期限をはっきりさせないことが多いのです。ドイツなどの地元企業や中国企業などは、その場で本社に確認を取ったり、それができないときには「三日後までには返事をします」と答えます。そして、期限内に必ず返事をします。そうした対応と比べれば、日本企業はやる気がないと判断され、マイナスイメージだけが増幅されます。

世界のビジネスはグローバル化し、意思決定のスピードが求められています。決定が遅れることで、ビジネスのスピードが遅れます。ヨーロッパだけでなく、世界でもこのような非効率なやり方は認めてくれません。これは海外では常識を逸した行為とみられ、苛立たれるか呆れられてしまうだけです。

その結果、「いったい日本の会社はどうなっているのだ」と、組織の不可解さだけが取りざたされることになります。ビジネスにとっては良いことではありませんが、いつまでたっても改まらないのが実情なのです。

会議で一言も話さなかった日本人が放った言葉

デンマーク駐在として商社に勤務していたときのことです。日本の企業がデンマークの国営企業と業務提携を結ぶため、はるばる日本からやってきてミーティングを行いました。私はその場に通訳を兼ねて出席していました。

ミーティングではデンマークの企業側から、業務提携について建設的な話が持ちかけられました。ところが、日本側からはまったく発言がありませんでした。日本側の何人かは英語に不自由はないようでしたが、トップは英語が苦手のようで、それを気遣って部下も発言自体を控えているように見えました。

だから、次々に飛び出すデンマーク企業からの主張や提案は、一方的に会議室に響きわたるだけです。のれんに腕押し、糠に釘とはまさにこうした状況のことをいうのでしょうね。議題は何ひとつ決まることなく、時間だけがむなしく過ぎていったのです。

会議も終盤になり、日本人グループはこそこそとトップを囲んで相談し始めました。そして、発言すべき内容がまとまったのか、いちばんの若手が代表して口を開きました。なんと日本語で「現段階では何ともいえない」といい切ったのです。

開いた口がふさがらないとはこのことです。業務提携に向けたミーティングをしていながら、会議で貝になっていた日本企業サイドが、出席者全員が相談して結論を出したと思ったら、ほんの一言で話を振り出しに戻してしまったのです。デンマーク側も日本語が分からないなりに、唖然としていました。

会議で決められないことに欧州企業はうんざり

その言葉を英訳するだけなら簡単だったのですが、私も子供の使いでその場にいたわけではありません。

このミーティングには、わざわざ日本から五人もやってきていました。なぜ大勢で遠路はるばるやってきたのか、どうして誰も発言しないのかなど、デンマーク側に〝日本人の不可解な行動〟を解説しなければなりません。

ひとしきり日本企業の体質を説明したあと、私はデンマーク企業にこのように付け加えました。

「ご安心ください。日本人には上司（本社）の決定に従う習慣があり、また利益ばかりではなくパートナーとまずは信頼関係を結びたいと考えています。今回が初めての会議です。踏み込んだ話はまずは相手を確かめた後と考えています。今回のミーティングは、ある意味、顔見世のセレモニーといった位置付けと日本人は考えています。今回、御社が行った提案は、次回のミーティングまでに検討し終えているはずですから」

デンマーク企業側の出席者は、なんだかよく理解できないようでしたが、とにかくまた同じようなミーティングを持たなければならないのかと、うんざりしたように見えました。

4　なぜ日本人は会議が終わってから話すのか

会議後のパーティーで話し始めた日本人

実は、デンマークの国営企業と日本企業の話には続きがあります。

デンマーク国営企業と日本企業は二日間にわたってビジネスミーティングを行いましたが、結局は何の成果もなく終わりました。

商社勤めだった私には、本社が良い結果を望んでいるのが痛いほどわかります。だからいかなる展望も描けなかった丸二日間の意味をどのように報告すべきか、途方に暮れていました。

おまけに、最終日の夜にはデンマークの国営企業が主催する会食会が用意されていたのでした。デンマーク側では、二日間の会議を通して得られるだろう喜ばしい結果を期待しての祝賀の意味を含んでいたはずです。このことは、日本企業側以外の誰の目にも明らかでした。

それなのに、芳しくない結果で終わってしまいました。日本企業サイドが検討事項を吟味するのはまだ先の話ですから、成果を喜び合えないパーティーは気が重くなるだけです。そうはいっても、仲介の労をとった側の私が出席しないわけにはいきません。

ところが、パーティーが始まると同時に、会議に出席した五名すべての日本人が英語で、デンマークの人たちと話し始めているではありませんか。なかにはカタコト英語も混じっていますが、英語で話していることに違いはありません。会議に出席したデンマーク人たちと飲み食いしながら全員が語りかけ始めたのです。

真っ先に驚いたのは、デンマーク側の面々です。会議ではあれだけ寡黙だったのに、パーティーの場では人が変わったみたいに会話している、と。

「どうしてパーティーで仕事の話をし始めるんだ？」

耳に入ってくるのはビジネスに関する話です。

「あのデンマークの最新の車両の内装は素晴らしい。日本ではとても真似できない。日本でも取り入れたいものだ」

「デンマークのキヨスクで売っていた、北欧的な木製のおもちゃ、それに熊の縫いぐるみがあったけど、日本のキヨスクで売れないか」

「キヨスクで売れそうなデンマークの美味しいお菓子類はないの？」

こんな内容で、盛り上がっているのです。

会議で押し黙ったままだった人と同じ人が話しているとは思えないほど、積極的なビジネス姿勢のフレーズです。

だからデンマーク企業のスタッフが私に「どうして会議の場ではなく、パーティーの場でやっと仕事の話をし始めるんだ?」と尋ねてくるのも当然でした。

日本人特有のこうした特性、というか商習慣は、デンマーク人に理解できるわけがありません。ですが、要は結果です。それもパーティーでの姿勢を見れば、どこに落ち着くかは明らかです。

私はデンマーク側の役員に「試験にはパスしたみたいです」と耳打ちしました。

その後しばらくして、両社は業務提携へと話を進めていったのです。

5　言い訳はコミュニケーションのツールじゃないの?

遅刻すると一〇分くらい言い訳をする

「電車が遅れたので遅刻しました」と口にしても、遅刻は遅刻です。日本の社会では誰もが納得できるもっともな理由がない限り、許されることは滅多にありません。結局は「もう少し早い電車に乗りなさい」とクギを刺されて終わりです。それ以上の言い訳もさせません。

言い訳をすると、その本人が窮地に追い込まれることも日本人なら知っています。たとえば、仕事でミスして言い訳をすると、間違いを認めない傲慢な人間という烙印を押されかねないわけですから。

欧米はまったく逆で、会社に遅刻したらこれでもかというくらいに言い訳を並べます。厳しく言及されることもありません。

「遅刻だね君、どうしたの?」と穏やかに訊かれ、まっとうな理由があれば、「そうした理由じゃ遅刻も仕方ないよね」と、お咎めはありません。遅刻や手抜かりは犯罪ではないし、命にかかわるようなことでもないので、この程度で済んでしまいます。

欧米で仕事をするようになっても、日本人は言い訳をしませんし、言い訳する人に耳を傾けることもあまりしません。

ところが欧米では、スタッフの言い訳が尋常ではないほど多いのです。

朝、部下の二人がバラバラに遅刻すると、その遅刻の言い訳を聞かされるだけで、一人最低一〇分は時間がとられます。朝は日本からの問い合わせや報告などで忙しく、できるだけ仕事に集中したいのですが、遅刻の話を延々とされるのです。

「家から駅まで自転車に乗ろうとしたらパンクしていまして、歩いて行ったので遅れました。どうも夜中に誰かにパンクさせられたようなのです」

「そうか。君の住んでるところは治安悪いの？　警察にいったのか？」

「警察は、そんな小さな犯罪の話は取り合ってくれません」

「そうなんだ」

「駅にいつもより一〇分遅れで着いたけど、ちょうど電車がでたところでして……」

言い訳はまだまだ続きます。話を聞いているうちに、遅刻の原因はパンクさせられた自転車のせいで、自分は悪くないといっているように聞こえてきます。

言い訳を聞かないのは人間的じゃない？

初めのうちは言い訳を聞いていたのですが、これが毎日のように繰り返されると、さすがに「いい加減にしろ」という気持ちになります。それである日、「遅刻の言い訳はもういい。それより私の朝の貴重な時間を奪わないでくれ」といい、その日以降は部下の言い訳を真面目に聞くのを止めました。

仕事で失敗したときの言い訳はもっと盛大です。放っておいたら、一時間でも二時間でも言い訳をし続けそうな勢いです。言い訳を聞いていると自分のストレスが増すばかりなので、部下の言い訳を無視することにしました。そして、一切言い訳を聞かずに過ごしていたのです。

部下の言い訳に煩わされずに静かに仕事ができる環境になりましたが、そのうちに当初のように親しく話しかけてくる部下、同僚がいなくなりました。

しばらくして、同僚のデンマーク人のマークが私に「変な噂が流れているから、部下達と話し合って誤解を解いた方が良いと思うよ」というではありませんか。

「マーク、私が部下となんの誤解があるというんだ。見ての通り、私も部下たちも真面目にやっているよ」

「君が前向きに一生懸命なのはみな知ってるよ。だけどさ」と前置きして話してくれた内容は、私にとっては信じられないことでした。

部下の言い訳を聞かなくなっただけで、なんと私は機械のように冷たい人間で、会社のことにしか関心がない、人の心を持ってないロボットみたいなやつだといわれているというのです。

欧米の常識は、日本とまったく違います。言い訳をしない、人の言い訳を聞かないことは、コミュニケーションを放棄しているとみなされるので、相手を無視していると受け取られます。

ですから欧米人からすると、言い訳を許さない日本人は「人間的じゃない」「優しくない」と、逆に批判されることになってしまいます。実際、私は心のないロボットみたいな人間と思われていたのです。

子供には小さいころから言い訳をさせる

言い訳についてのこの違いは、集団の秩序、集団の運営に重きを置いてきた国民と、個人を尊重する国民との違いといっていいでしょう。

集団の場合は、一人ひとりの言い訳を聞いていたのでは、組織がうまく機能しません。だから、言い訳をしない、認めないことがとても重要になります。

ところが、個人を尊重する社会では、個人の事情が優先されますから、過ちや失敗を犯したらその言い分（言い訳）を聞くことでコミュニケーションを図っていくことになるのです。

日本でも、失敗した場合、組織（会社）に対して言い訳はしないものの、その代わり同僚などが飲み屋などに連れ出し、話を聞いてやるなどのアフターフォローが行われます。要するに、オフィシャルな場面では言い訳は許されなくても、プライベートな部分では言い訳を聞いています。

欧米では、オフィシャルなところでも許されるというわけです。現地スタッフに聞いた話では、学校では子供たちが何か失敗してしまったら、言い訳をさせるそうです。その言い訳が良かったら褒められ、悪かったら叱られるそうです。

だから、欧米では言い訳を始めたら、真剣に彼らの声に耳を傾け、それに対してコメントをして、いいコミュニケーションを図っていくことがとても大切なのです。言い訳を聞き入れることは相手を無視していないというサインであり、言い訳を真剣に受け止める上司は部下を認めるいい上司と評価されます。

言い訳を認めない日本人は、ヨーロッパ人の目には奇異に映るのです。

6　なぜ日本人は口約束でも守ろうとするのか

日本と違うヨーロッパの約束の考え方

ヨーロッパ人は日本人がなぜ「約束」を守ろうとするのか、とても理解できないでいます。これは、約束に対する考えの違いからきています。

日本では、ビジネスに限らず、約束は守らなければならないものです。約束を守らないと、それ以降は「ウソつき」だの「信頼できない人」だのと烙印を押され、まるで取り合ってもらえないこともあります。

子供のころから、約束をすると最後に「指切りげんまん、ウソついたら針千本飲～ます。指切った」と念押しして大きくなるのですから、日本人の中には「約束は一種の契約」に他ならないとするDNAがあります。

ところが、ヨーロッパ人、いや日本人以外といったほうがいいかもしれませんが、約束（プロミス＝Promise）という言葉は実に軽いものです。日本人の考える約束とはまったく違い、「約束した件は間違いなくできるよね？」「ウン、たぶんダイジョーブ！」というほどの軽い感じで使っています。ですから、約束が守られなかったとしても、「できなかったの？　仕方ないな」で済んでしまいます。

約束が反故にされてもペナルティーはない

たとえば、ヨーロッパでは電車の運行は時刻表通りではなく、遅れるのはごく普通のことです。

日本では時刻表通りの定時運行が当たり前で、少しでも遅れると「本日は三分遅れて到着しました。遅れによって皆さまにご迷惑をおかけしたことをお詫びします」と車内放送がされるほどです。

おそらく、多くの日本人にとって電車の時刻表は、電鉄会社と利用者との約束（あるい

定時に発着するとは限らないヨーロッパの電車（オランダ）

は契約といってもいいかもしれません）のように捉えられているのではないでしょうか。ですから、日本では電車が時間通りにやってくるのは当たり前で、少しでも遅れると「三分遅れている」と思うようになるのです。この感覚でヨーロッパに行くと、時刻表通りにやって来ない電車に、日本人はことさらイライラすることになります。

しかし、ヨーロッパでは時刻表は約束でなく、もっと緩い努力目標のようなものです。ヨーロッパでは、人間のやることには間違いはあるし、天候など自然現象に左右されることもあるので、遅れや欠便は仕方ないと考えるのです。だから、ヨーロッパの人たちは電車が来るまでじっと待っています。

それと対照的なのが日本です。先日、日本でＪＲ京葉線に乗ったときのことです。どうも遅れが出たらしく、海浜幕張駅の改札で長蛇の列ができていました。何かと思ったら、遅延証明を渡していたのです。ヨーロッパで三〇年近く生活してきましたが、見たことのない光景でした。

ヨーロッパでは遅延証明なんてありません。職場では遅刻は許されるので、口頭で話せば通ります。ましてや鉄道会社の証明書など必要ありません。

日本では約束と契約は同じものと捉えているフシがあります。しかし、日本以外で契約というと、紙に書いて両者のサインがあるもの、あるいは公証人のサインがあるものが契約です。契約は守らないとペナルティーがありますが、約束は契約ではないのでペナルティーはありません。

このように、約束とは軽いものです。時と場合によっては、約束を守れないことがあるので、必ずしも約束は守られなくても良いのです。

アポの変更は抵抗なくできてしまう

日本では、一度とったアポイントメント（いわゆるアポ）の日程や時間を変更するのはなかなか許されないことと思っています。なぜなら、「約束は守る」「約束は違えない」文化の社会だからです。

ところが、ヨーロッパでビジネスをしていると、アポの変更はしょっちゅうです。理由はさまざまです。「先約があったのにダブルブッキングしちゃった」「急に会議が入ってしまった」「部下が会社を休んだので動けない」などという仕事上のことから、「子供が熱を出したので病院に連れて行くことになった」という個人的な理由まであります。

急にキャンセルしても、「そりゃ仕方ないね」と、次のアポの日程にすぐに話が進みます。アポの変更によって仕事のスケジュールが遅れても、お構いなしです。こうした約束を変えることには大らかです。

一方、驚くことに取締役、社長レベルの経営陣になると違ってきます。アポの変更はできますが、代わりの日にちは平日ばかり指定されるのではなく、土日を指定されることもあります。場合によっては、「今から行く」「今から来い」の話になることもあります。ヨーロッパでも経営者は土日も働いていて、こんなところにサラリーマンと経営者の感覚の違いを強く感じました。

約束を守ろうとする日本人は奇異に見られる

約束を文書にしたのが契約書です。契約書については後ほど書きますが、ヨーロッパの契約書にはできなかった場合どうするかという項目が必ず盛り込まれています。ヨーロッパ人にとっては約束は必ずしも守られなくて良いのですから、この項目はなくてはならないものです。

ところが日本人は、約束は守らなくてはならないと思い込んでいますから、口約束でも律儀に守ろうとします。ヨーロッパ人は約束を何が何でも守ろうとする姿勢が理解できないのです。そして、約束を果たせないときに、日本人が謝りまくって何かの償いをしようとする姿も理解できないのです。

日本人は、約束が履行できないので申し訳ないとばかりに謝り倒したり、少しでも約束に近い形に改善しようと必死になることがあります。しかし、ヨーロッパ人はなぜそんなことをするのかが理解できず、「あの日本人何やってんだろう」という程度で、遠くから眺めているだけです。

逆に、「そこまで謝るべき話じゃないよ。人間だから何かしらのミスはある」といって、「あまり気にする必要はない」と慰められることさえあるのです。

日本ではどんな理由があろうとも、約束通りにできないと「嘘つき」だの「ほら吹き」などとののしられ、謝罪をしても「もっとちゃんと謝れ」だの「誠意がない」などといわれ放題で、場合によっては土下座をさせられかねません。

しかし、ヨーロッパではやむを得ない理由があれば許されます。それゆえに、契約書には約束が履行できなかった場合の対処の仕方を、両社で取り決めておくのです。それがヨーロッパの契約社会というものです。

7 口約束に縛られてビジネスの機会逃す日本企業

ヨーロッパ人と中国人は契約の抜け道を探す

日本人は前に言ったことと違うことをいう人を二枚舌を使うといって嫌います。ウソをついたと考えるからでしょう。

ヨーロッパに渡ってから知ったのですが、ヨーロッパ人だけでなく、たいていのアジア人や中国人も、ある程度は二枚舌を使うのは生きるためには仕方ないと思っているフシがあります。

私は、中国で製造した業務用の日本酒をヨーロッパに輸入していました。この会社を仮に中華日本酒製造としましょう。この会社は海外に輸出したことがないので、最初の何回かは箱が潰れて中身の酒がむき出しになったり、容器が割れて酒がこぼれ出てしまったりと問題が多く、現地に行って改善を指導して、一年がかりでどうにかヨーロッパ向けの品質まで仕上げることができました。

ここまで時間と費用をかけて一緒にやってきたので、当然、私の会社がヨーロッパの販売総代理店の権利がある契約を同社と交わしていました。

この酒を輸入してオランダの問屋に売っていたのですが、ある日、長年つきあいのあるオランダの問屋が、似たような酒を売っているのに気がつきました。何のことはありません。その問屋はいつの間にか中華日本酒製造から直接仕入れていたのです。

契約違反なので、その旨を中国の社長に伝えると「知らない間に社員が売ってしまったんだ」と、あまりにもバカバカしい話を理由にあげたのです。契約書があってもこの手の話はアジアでは当たり前で、とくに中国相手ではどうにもなりません。結局、泣き寝入りをすることになってしまいました。

約束を違えるのは「恥」と考える日本人

同じような話はほかにもありました。スペイン企業とバイクの部品をスペインから日本向けに独占で輸出していました。ところが、いつの間にか同じ物をヨーロッパの他の国経由で日本に並行輸出していたのです。

スペインから直接日本に売ると契約違反になりますが、ヨーロッパの他の国を経由する場合のことは契約書にはありませんでした。そこで、迂回輸出をしていたのです。そのスペイン企業の社長は、クレームをつけても知らないの一点張りです。知らないわけはありませんが、それを正規の代理店に認めるわけにはいかないのです。

中国のケースもスペインのケースも、契約がどうであれ、売れるとなったらさまざまな手段で売っていくのです。相手は「しょうがないじゃん」と、許されるという感覚でいることをつねに考えておかないと、海外ビジネスの現場では大変な目にあわされることがあるのです。

日本人は、約束はたとえ口約束でも守らなければならないと思い込み、律儀に約束を守ろうとします。そのため、ヨーロッパに出ている日本企業は取引先との口約束に縛られて拡大のチャンス、タイミングを逃すことがよく見受けられます。

中国やスペインの会社の例のように、「約束は守られないこともある」を心に留めておくと、取引先に縛られずに、時と場合によっては、二枚舌を使うことによってビジネスを速く拡大できるチャンスがあるのも事実です。

日本人の生真面目さは、ヨーロッパ（海外）でビジネスをするにあたっては、邪魔になることもあると理解してください。なによりも、ヨーロッパ人が生真面目な日本人を奇異に感じているのです。そんな彼らと対等に渡り合うには、あらかじめ約束と契約の違いを知っておき、それを上手に利用することが成功につながるのです。

8　小型で省エネの食品加工機械をヨーロッパ人が絶賛

鶏皮が切れないドイツ製のカット機械

文化があまりにも違うため、ヨーロッパ人からいささか奇異な目で見られている日本人ですが、その日本人が作る製品はとても高く評価されています。

大量に肉や魚の加工をするときは、手作業ではなく機械で一定の形、サイズ、重量に切っています。これに使われるヨーロッパのカット機械が、大雑把で上手に切れないとんでもない機械ばかりなのです。

切ったはずなのに切り残しがあり、隣とくっついているのは普通のことです。もっと問題なのが、鶏肉の皮とか、スジとかの堅い部分がまったく切れないのです。どうしてこんな機械を使っているのかというと、多少切れてないところがあっても、消費者からは日本ほどのクレームが起こらないからです。

あるとき、鶏肉の加工工場で「カット機械を使って良いよ」といわれたので使ってみました。このときは日本の顧客向けに、から揚げ用に鶏肉をダイス状に切ろうとしていて、

鶏肉加工工場における手作業の工程（ポーランド）

ドイツ製の大型のカット機械を使いました。
鶏肉を同時に縦と横には切れないので、二台のカット機械をL字型に組み合わせた製造ラインで、最初は縦に切ってコンベヤーで運び、縦長の肉を次のコンベヤーに載せ替えて、次の機械で横に切ってダイス状に仕上げるのです。
いざ作業を始めると、回転刃の力の入り具合と刃の切れ具合が悪いものだから、肉が潰れて切れるのです。それに切り残しが多く出ました。また、コンベヤーの載せ替えのときに方向がずれるため、菱形に切れたり、台形状に切れたりと、形状が安定しなくて真四角の、思うような形にはなかなかなりませんでした。
まったく使える代物ではなかったのです。

このままこの機械を使い続けていたら、でき上がりの製品の重さと形状が一定にはならないので、クレームが予想されたため使うことをあきらめました。

品質が良いといわれるドイツ製のカット機械でこのありさまですから、ドイツ製以外のヨーロッパの機械の性能は推して知るべしです。日本のカット機械を知っていると、ドイツ製でも「使えないな」というのが正直な感想です。

小型で高性能な日本の機械に衝撃を受ける

ヨーロッパでは圧倒的にヨーロッパ製のカット機械が使われていますが、取引先のポーランドの食肉工場に日本製のカット機械を売り込みました。試しに一台導入したところ、鶏の皮やスジまできれいに切れて切り残しがなく、同じ形状に切ることができ、生産効率も飛躍的に向上しました。そこで、その会社の社長はすぐに追加で五台を発注しました。それまで使っていたドイツ製のカット機械をすべてお蔵入りさせ、日本製の機械に置き換えたのです。

工場には、これまでドイツ製のカット機械が置いてあったところに、六台の日本製のカット機械が並ぶことになりました。それまで使っていたドイツ製の機械は大型でしたが、日本製は小型でドイツ製に比べると六分の一くらいの大きさですから、工場の中がとても広く感じられました。

食品の生産現場で、実際にさまざまな作業をしているのはほとんどが女性です。ドイツ製の大型のカット機械は大きくて重いので、メンテナンスや移動、使用後の洗浄、それに刃を研ぐのは男性の仕事でした。カットする肉の種類などが変わるときは、男性のメンテナンス部隊に依頼することになります。その間、女性従業員は作業が終わるまで見守ることになるので、時間効率が悪くなるし、人件費がかさみます。

実際、こうしたメンテナンス作業をそばで見ていると、機械が大きくて重いので、男の私でも「こりゃ大変な仕事だ」と思わずにはいられませんでした。

誰でも使える日本製で女性従業員の仕事が楽になる

ところが、日本製のカット機械は小さくて軽いので、動かすのもしまうのも、刃を研ぐのも、機械をばらして洗うのも、女性の手ですべてできてしまうのです。男性のメンテナンス部隊はいらなくなり、女性従業員ですべてが完結できるのです。

とくに、カット機械で必ず必要になる刃の研ぎですが、ドイツ製の機械の場合は、刃を研ぐのは男性のメンテナンス専門家が行っていて、時間がかかりました。

しかし、誰でもメンテナンスができるように工夫された日本の機械は、素人でも刃を研ぐことができる装置が付いています。ヨーロッパのカット機械のように専門の人間が刃を研ぐ必要はないのです。

最初の導入時、女性従業員に機械のばらし方、洗浄方法、それと刃の研ぎ方などのメンテナンス方法を教えているとき、ふだん工場に出入りしているときには感じたことのない熱気を感じました。どうやら、それは日本製なら自分たちだけで管理、運営ができて助かるということのようでした。後日、女性従業員から「仕事が楽になり楽しい」と大いに感謝されました。

もちろん、社長も大喜びです。というよりも、「こんな小さくて効率的な機械が、この世の中に存在するのか！　まさかという思いだよ！」と、ビックリしています。

長年見てきましたが、日本の小さい機械をはじめて見るヨーロッパ人は、たいていは大きな衝撃を受けて言葉も出ません。鳩が豆鉄砲をくらったという言葉がありますが、まさにそのような感じです。

カット機械を使う工場ではしまうための倉庫もスペースも必要としないし、メンテナンスによけいな人件費がかかりません。さらに、使用するモーターも小さいので、まさに省スペース、省エネで良いことずくめなのです。

使い始めたヨーロッパ人はその性能と使いやすさ、メンテナンスの簡単さに驚くと同時に、一度購入すると日本製の機械のリピーターになり、信奉者に変身するのです。ヨーロッパでは、使いやすくコンパクトな機械を作る日本の技術力は驚きを持って迎えられ、高く評価されているのです。

9　ヨーロッパを驚かせた精度に優れる日本製計量器

まともに計れないヨーロッパ製の機械

ヨーロッパで日本向けの食肉加工品を作っていると、機械の精度があまりにも大ざっぱで、作業効率の悪いことにまいってしまいます。

取引を通じて仲良くなった、ヨーロッパの食肉工場の社長が経営する工場で作業をしていたときのことです。切り分けた鶏肉を五〇〇グラムパックにするため、ヨーロッパ製の計量器を使って商品の梱包、仕分けを行っていました。

計量システムは、コンベヤーに乗って流れてくるパック詰めされた商品が、計量器を通過するときに指定された重さの範囲にあればそのまま通過しますが、指定の範囲から外れると、自動ではじかれる仕組みになっています。

誤差の大きいヨーロッパの計量装置。この後日本製に入れ替えた（ポーランド）

たとえば計量器で五〇〇グラムから五二五グラムの範囲を指定します（実際は五パーセントの誤差というのは多すぎますが）。この範囲にない商品ははじかれるので、合格品はすべて指定の範囲に収まっているはずです。

ところが、目で見て明らかに多いもの、少ないものが合格品として通過しているのです。実際に取り出して測ると、少なく見えたパックは五〇〇グラムに足りませんし、多く見えたパックは五二五グラムを超えています。明らかに指定した範囲以外のパックが混じっているではありませんか。まさに「そんなバカな！」という思いです。

これでは中身が少ないというクレームだらけになるのが目に見えていますから、売れる商品になりません。また、内容量が多く入りすぎると、生産原価が上がるので、これまた商売になりません。

そこで、誤差が生じないようにコンベヤーのスピードを落としたり、計量器が正確に測れるように設定をいじってみたものの、まともに測れないのです。どうやっても一〇パーセント以上の誤差が出るのです。

使っていたのはヨーロッパで最も精度の良い機械だった

機械のトラブルだと判断してメーカーに連絡したら、担当者が来たのは二日目です。ソフトの問題だといってソフトをいじっていましたが、その日のうちにトラブルを解決できませんでした。三日目には、ソフトでなく電子部品の不具合だとかいって、基板を新しいものに変えていました。それでもうまく作動しないのです。

工場の技術者も、梱包部の担当者数人と、コンベヤーの方向や角度、計量器の位置を変えたり、いろいろとテストを繰り返しました。そのうち、梱包部の若い担当者が「ドイツ製のこの計量器は低温の風に弱いので、もしかしたら風による微細な振動が原因ではないか」といい出しました。そこで、計量器のまわりに冷たい風が当たらないようにしたところずばり的中しました。これによって計量器の精度はほとんど問題のない範囲まで上がりましたが、それでも一〇〇パーセントではありませんでした。

食品の製造現場なので室内温度は低温に厳重に管理されていて、天井の空調機から風が出ています。冷たい風といったところで、中で働いている従業員でも感じないくらいの、ゆるい風です。いわれれば「風があるかもね」という程度です。

日本人なら、「こんな機械をよく売ってるね」という感じですが、ここヨーロッパはこれで普通なのです。

工場長に「なんで冷たい風に弱いこんな計量器を買ったの?」と聞いたら、「これを使うって決めたのは、梱包部の責任者と社長だから、文句はそっちにいってくれ」というだけでした。

この計量器を使い続けることは不可能と思ったので、工場長にいわれたとおり、梱包の責任者と社長に文句をいったら、冷たい風に弱いその計量器は「ヨーロッパで手に入る一番精度の良いもの」だといいます。要するにヨーロッパのなかでは、パッケージの中身が少々多かろうが少なかろうが問題にならないので、こんな計量器でも通用しているというわけです。

日本製の計量器を導入して素晴らしさを実感

食品の製造現場ではこのような計量器は使えないと、この会社の社長に苦情をいったところ、「今回初めて分かったよ。確かに食品の製造現場ではあの計量器は精度を上げようとすると使えないかもしれない」という言葉が返ってきました。

しかも、「日本製の食品用の計量機はどんな場所に設置しても誤差がでないよな」と、日本製の計量器が優れていることを知っていたのです。日本から遥か離れたヨーロッパでも、すでに計量、測定の分野でも群を抜く日本製品の優秀さ、凄さを認識していたのです。「それを知っているなら最初から日本製にしてくれよ」というと、今後は日本製の計量器にしたほうが得策だとなりました。

そもそも、ヨーロッパ内であっても、パッケージの中身の重量の誤差が多いと、客に迷惑がかかるだけでなく、メーカーとしてロスが出ている可能性があります。それを指摘したこともあり、それからほどなくして、日本製の計量器を導入したのです。

実際に稼働して、パッケージの内容量を五〇〇グラムから五一〇グラムに設定すると、どのパッケージも同じ大きさに見えます。いくつかのパッケージを取り出して実測してみると、すべて設定した重量の範囲内に入っています。これを見た社長は、「素晴らしい。評判通りだった」と大満足でした。

肉などをパッケージ詰めにする一連の機械装置のシステムでは、最初に商品の内容の重さを測る計量器があり、それを一定数量に仕分けする仕分機械があります。次に仕分けした商品を包装する機械でパッケージ詰めにします。

食品の場合は、さらに異物が入っていないかどうかを金属探知機に通して探知します。入っていれば除外されます。そして商品によってはさらにレントゲンにかけられて、金属以外の骨や異物のチェックも行います。

この一連のシステムの中で、日本の計量器と仕分機械は、ここヨーロッパでは独壇場です。どこの食品工場に行っても日本製しかありません。仕分けのスピードと正確性は、日本製以外に使えるものがないというのが、食品工場の常識になっています。

それだけに、この工場がドイツ製の計量器を使っているのを見たときは軽い驚きでした。ただ、この工場でも、正確さと効率化を図るためには、日本製の機械を導入せざるを得なかったのです。それだけこのジャンルでは日本製の機械は群を抜く素晴らしさで、ヨーロッパでも認められているのです。

第 4 章
日本とヨーロッパのビジネス文化の違い

イラン人が経営する日本食を扱うスーパーマーケット（オランダ）

1　本格的な交渉は「ノー」から始まる

「ノー」といった相手は席を立たなかった

私たち日本人は外国人に「ノー」といわれると、「断られた」のだと思い、すぐに引き下がってしまいます。日本人の感覚では「ノー」は拒絶を意味するので、「お断り」と受け取るからです。悪く取ると、その取引だけでなく、これまでの関係も含めてすべて「おしまい」と感じてしまうことすらあります。

私はあきらめが悪いので、一度断られたぐらいではくじけないで再挑戦していましたが、その私でさえヨーロッパで「ノー」といわれると、商談や交渉が決裂して契約交渉は終わりだとばかり思っていました。

ところが、何度か経験を重ねるうちに、あることに気がついたのです。

商談相手が私の事務所を訪ねてきたときのことです。こちらの提案に「ノー」といい続けていた彼が、席を立たずに座り続けているのです。普通、「ノー」といえば交渉は終わりですから、席を立って帰るはずなのに、その気配がありませんでした。

「あそこまでハッキリとノーといったなら、私なら出て行くけどな」とか考えているうちに、先方はまだ交渉を求めているように感じたのです。そこで、最終提案のつもりでこちらの条件を少し緩めた提案を出してみました。

それでも、回答は「ノー」だったのですが、少し脈があるように感じたので、思い切って「どういう条件ならイエスと答えるのか」と聞いたところ、その相手はニヤリと笑って、自分たちの条件を出してきたのです。

日本人同士で「ノー」というと「ハイ、おしまい」の意味ですが、ヨーロッパのビジネス用語では、「ノー」の意味は日本人のそれとはまったく違うことに気がつきました。たとえ強い調子で「ノー」といわれても、話し合いがその一言で終わるのではなく、「違う提案はないのか」という程度の、ネゴシエーション用語の一つなのです。

「ノー」から腹を割った交渉が始まる

日本人の「ノー」に対するイメージは、妥協の余地もない極めて強い否定です。だから日本人である私は、海外でも「ノー」といったらおしまいだし、「ノー」といわれたらその契約は成立しなかったと考えていました。

ところが、実際のビジネスにおいては、少なくともヨーロッパでは「ノー」が商談の終わりになることはありませんでした。

オランダの食品メーカーの技術担当者と、新商品の開発の仕事の話をしていたときのことです。

当方の提案に対して、相手の返事はあまりにも「ノー」が多かったので、内心で「こいつやる気があるのか」と、だんだん腹が立ってきました。

そっちがその気ならと腹いせに、先方の提案に対して、イエスといえば良いところまで、「ノー」を連発してやりました。すると、しだいに相手も気がついて、「何でそこでノーなんだよ」と、早口の英語でまくし立ててきました。そこですかさず、「あなたがノーを連発して頭に来たから、ノーっていったんだ」といったら、二人して大笑いになりました。そこまで腹を割った話し合いができたからでしょう。この商談は成立しました。

「ノー」はぎりぎりの交渉で妥協しない意思を示す

食品の売り込みで、初対面のスーパーのバイヤーをイギリスに訪ねたときのことです。

彼は簡単に会える相手ではなかったので、さまざまな人脈をたどり、ようやく面会の約束を取り付けたのでした。そのため、面会するまでにカタログやサンプル商品を送り、当方のホームページを見てもらい、ある程度の値段を知らせるなど、事前にできることはすべて行いました。

そして、やっとロンドン郊外の事務所で面会できたのです。

初対面ですから、日本と同じく最初は世間話から入ります。相手は「どこに住んでるの?」「日本から来て何年になる?」「日本のどこの出身?」などと話を振った後で、「日本行ったことあるぜ」など自分のことについても話してきました。このあたりは日本と同じです。

多少打ち解けたところで、販売用の試食サンプルを前にして本題に入ります。ところが販売する食品の値段、条件が厳しいうえに、品質変更なども要求してきました。私の思っていた条件に合わないため、お互いに「ノー」の連発になりました。相手の笑顔がなくなり、目もつり上がってきました。私が何度目かの「ノー」をいったとき、相手は本当に会議室から飛び出して行きました。

せっかく打ち合わせにロンドンまで来たのに、さすがにこの会社との話し合いは終わったなと、観念しました。ところが、相手はしばらくしたら元通りの顔つきで戻ってきて、目の前の席に着いたのです。ここからお互いに腹を割った、本当の話し合い、交渉が始まったのです。

コンタクトし続けることが大切

「そんなことってあるの？」と思うかもしれませんが、ヨーロッパにおいてはそれほど珍しいことではありません。このケースでは出て行った相手が戻ってきましたが、自分から呼び戻しても良いのです。何のためらいもいりません。それによって関係がまずくなることもないのです。

たとえ決裂しても、二、三日後に「ノー」を連発していた担当者から再度呼び出しを受けて、交渉が成立したこともあります。逆に、交渉決裂後に日にちをおいて再び訪れ、交渉が成立したケースもあります。決裂しても条件や値段を再度交渉するのはいくらでも可能なのです。何しろコンタクトすれば良いのです、返事は来ますから。

大切なのは「ノー」といわれたからといって、ひるんだりためらったりする必要はないということです。ヨーロッパや中国、アジアの競争相手は、一度や二度の「ノー」に一切ひるんだりためらったりしません。一度「ノー」といわれたくらいで商談を終えていたら、そうした競争相手に商売は持っていかれてしまいます。

ヨーロッパ人の「ノー」は拒否の意味でなく、「ウソだろ」「もう少しなんとかならんのか」程度のネゴシエーション用語で、それを口にしながらコミュニケーションを重ねてお互いの理解を深める手段なのです。「ノー」といわれても萎縮しないで、すべては「ノー」から始まると心得てください。

2　ビジネスでは常識の違いが最初の壁になる

文化が違えば「話しても分からない」

さまざまなトラブルやいざこざは、お互いに理解が不足しているから起こると、日本人は思っています。だから、話し合いをすることで相互理解が深まり、トラブルが回避されると考えています。「話せば分かる」というわけです。

しかし、この「話せば分かる」が通用するのは、同じ前提を共有している社会の中でという条件が付きます。

つまり、日本という社会の中では、文化や経済の仕組み、社会のルール（常識）などを共有していますから、日本人同士では「話せば分かる」は通用します。ところが、海外では相手は日本人ではありませんから、文化や社会のルールを共有できているわけではありません。

ヨーロッパのビジネスに「話せば分かる」を持ち込んでもまったく通用しません。これは断言できます。私の経験では、文化が違い、社会のルールがかけ離れている相手とは「話しても分からない」と思っています。

ビジネスでヨーロッパ人と打ち合わせや話し合いをするときには、日本人同士のときの二倍以上の時間をかけて、細部にわたって話すことが、とても重要な仕事の一つになります。なぜかというと、相手はあなたと違う常識の世界で、あなたの説明を聞いているからです。

最初はこれをこうして、次はあれをこうすると、子供にいい聞かせるように、一から順番に丁寧に説明していきます。ここまでいわなくても分かるだろうと考えてはいけません。相手はそれを知らないと思って説明します。さきほどこの件については触れたからいわなくてもいいかなと思うのも間違いです。一度説明したとしても、また説明しないと相手に伝わらないのです。

私たち日本人の感覚からしたら分かっていると思われることでも、細かくいわないと別の常識で理解される可能性が高く、あなたの想像している相手の理解とまったく違う、逆の理解をしていることがよくあるのです。これは、言語の違いや翻訳するから起こる問題ではなく、明らかに常識の違いからくる誤解なのです。

分かったといいながら平然と間違える

ヨーロッパでスーパーに入り、真空パック詰めの肉や加工食品を買うと、日本とまったく違うことに気がつきます。真空パックは片側は平面で、もう片側は内容物の形に盛り上がっています。このつくりは日本と変わりませんが、パックの表と裏のとらえ方が違うのです。

日本では、盛り上がったほうを表、平らなほうを裏として、盛り上がった表にきれいな印刷を施しています。ところが、ヨーロッパは真逆で、平らなほうが表、盛り上がったほうが裏で、印刷は表の平らなほうにしています。

仕様が真逆なので、ヨーロッパから日本に食肉を輸出するにあたり、日本仕様の真空パックをつくったら、まず表と裏を間違えると思い、写真や図でくどいほど日本の表と裏はヨーロッパと違うので気をつけるように伝えました。

「日本向けでは、真空パックの盛り上がっているほうが表で、こちらに印刷面が来るようにし、表示ラベルは平らなほうに貼ってくれ」

この指示に対して、彼らは「分かった」といいながら平然と間違えます。作業中にも間違えていたので何回か指摘したにもかかわらず、出荷前に確認したら、案の定、完全に間違えていたのです。真空パックの印刷やラベルの貼り方がヨーロッパスタンダードで行われていて、日本スタイルにはなっていませんでした。

製造現場では、いつもはヨーロッパスタンダードで製造しています。それが常識と思い込んでいる現場のスタッフに日本スタイルを説明しても、「そんなバカなことがあるかい」と頭から否定してきます。だから、私が手渡した図面や写真が間違っていると勝手に思い込み、指示書にまともに目を通していないのです。ヨーロッパの常識が世界標準だと思っているので、簡単に分かってもらえないのです。

とくに、この違いをヨーロッパ人がヨーロッパ人に伝えるのはとても難しく、ヨーロッパと日本では常識が違うことをうまく伝えられないのです。こうしたやりとりにはとても体力と気力を削がれますが、避けて通れません。

ヨーロッパと日本で常識が違うため間違いが起こる

真空パックの裏に貼る原材料や賞味期限などを表示するラベルについても、ヨーロッパと日本の違いで軋轢《あつれき》を生むことがあります。

日本でも、ヨーロッパでも、小売用の商品の表示義務は細かく決められています。とくに、スーパーで売られる食品のラベル表示は厳しく義務づけられています。ラベルの表示で困るのは、ヨーロッパ人の持つ常識と、日本人の持つ常識が違うことで起こる間違いや勘違いが、いろいろなことを引き起こすことです。

たとえばラベルの文字のサイズです。日本では文字のサイズはポイントで表します。ですから、「文字サイズは八ポイント」といえば、関係者はすぐに理解できます。悪いことに、ほとんどの日本人はそれが世界標準と思い込んでいます。

一方、ヨーロッパの文字サイズの大きさは小文字の縦が何ミリかで表します。「文字サイズは三ミリ」というように指示するわけです。そして、ヨーロッパ人はそれが世界標準であると思い込んでいます。

これが分かっていないと、いつまでたってもラベルはできあがってきません。私が「文字の大きさは八ポイントでつくって」といっても、ヨーロッパでは通用しないのです。ポイントといわれても何のことか分からないのですから当たり前です。実際、小さなラベル一つ作るだけで一カ月以上かかったことが何度かありました。

文字の大きさを表す日本人の常識はポイントで、ヨーロッパ人の常識は小文字の縦の長さです。日本人もヨーロッパ人もお互いに、自分の常識を疑わないので平行線を辿り、わけも分からず時間ばかりがかかる結果になります。

常識が違うことで、最後は互いに疑心暗鬼になったり、嫌気がさしたりして、途中でビジネスがご破算となることさえ、少なからずあります。

相当の忍耐力と、交渉力、語学力を使って、だんだん問題点が解明されてくると、「なんでそれを先にいわないいんだよ」となるのですが、面白いことにそれを先にいってくるのは決まってヨーロッパ人です。「最初からいっているだろ」といっても聞く耳は持たず、彼らは自分たちの常識をまったく疑わずに、人のせいにしてきます。

そうなると、私もいわれっぱなしは悔しいので、「お前の常識はヨーロッパだけしか通用しないんだよ。世界標準じゃないの」と、クギを刺しました。このくらいいっても、ビジネスができなくなるような心配はありません。むしろ、お互いが腹蔵なくいい合うほうがビジネスはうまくいきます。

説明と確認をこれでもかと繰り返す

誤解を生じさせないでビジネスを進めていくためには、一つひとつ話の内容を確認していくことです。そうでないと、後で必ず誤解が生じます。相手は日本人の常識でものごとを考えているわけではありません。

どうしても分かってもらいたいときは、相手を同じ土俵に上がらせるのがもっとも効果的です。つまり、取引先の人に同じ経験をしてもらい、「目から鱗」を味わってもらうことです。実際に経験してもらい、そして理解してもらわない限り、言葉だけで分かってもらうことはまずできません。

はっきりいうと、日本人が海外ビジネスで失敗するのは「誤解」からきています。日本人も外国人も同じ人間だから「話せば分かる」と好意的に考えて、お互いの常識に違いがあることを認識できないか、認識しようとしていないことにあります。無意識のうちに「誤解」を発生させてしまっているのです。

海外ビジネスにおいては、相手は日本人とはまったく違う人種であることを念頭に、説明、確認、説明、確認をこれでもかと繰り返すことが大切です。そうすることで、文化や社会のルールの違いを乗り越えて、同じ土俵で理解し合うことができます。ひいては、それが海外ビジネスの成功につながるのです。

3　体力にあかせて日本人より働く人もいる

タフな徹夜仕事でも体調が変わらない

商社に勤務していたときのことです。ノルウェーのある会社とジョイントベンチャーをやる方針が出たので、事前にその会社の財務調査をすることになりました。調査を担当するのはノルウェー人の会計士、ヨアキム氏と私の二人きりです。

まるで学生時代の合宿のように、ノルウェーの山のなかにある小さな町の一軒家にこもって、合弁相手の財務諸表の数字が正しいのかを現物資産、在庫、土地などの突き合わせをやったのです。そして相手企業の財務担当者に、数字上の矛盾がないかをインタビューしていきました。

それは巨額な投資案件に関わる調査で、私たちは抜き打ちで調査をしていました。もしも、相手の会社が何か大きな問題を抱えていて、それを見抜けないまま合弁事業を行うことになったら、取り返しがつかないことになります。ですから、隠れ負債があるかどうかを財務諸表と現場調査から見抜こうというのが目的でした。

合弁や株式取得などでこの作業を簡単に済ませると、相手に隠れ負債があったことを見抜けずに、高値づかみをすることがあります。実際、表沙汰になっていませんが、日本企業が負債ごと高値で買っていたという笑えない話はたくさんあります。この作業は日本人の専門家だけではまったく無理で、相手国の優秀な専門家の助けが必要になります。

期間は五日間と限られていましたから「合宿」入りして以降、ほぼ毎日徹夜といっていいほどでした。

事件は「合宿」の四日目に起きました。町のレストランでヨアキム氏と話をしながらランチを食べていたら、急に目の前が真っ暗になり、意識がなくなったのです。そして、ヨアキム氏の膝に倒れ込みました。周りのテーブルで食事をしていた人たちは救急車を呼ぼうとしてくれましたが、呼ぶまでもなく意識が戻りました。私にとっては一時間以上も倒れ込んだように感じたのですが、ほんの数分でした。原因は貧血でした。

私は一時的にしろ不覚を取りましたが、会計士のヨアキム氏はというと、何事もなく五日間の合宿を終えました。結果的には、財務諸表に問題はなく、その会社とジョイントベンチャーを行うことになりました。

それにしても、五日間はほぼ同じ仕事量、睡眠時間で、私は変調を来したのに、ヨアキム氏にはまったく変化は見られませんでした。やはり、日本人とヨーロッパ人とでは体力が違うのだろうと思わずにはいられないできごとでした。

体力の元になる食事量にびっくり

ヨーロッパの会社の九九パーセント以上の社員は、どんなに忙しくても決まった時間に来て、決まった時間に帰ります。時間内に終わらせる範囲の仕事をするので、終業時間が過ぎたら社内はがらんとして、残っているのは日本人だけになります。ただ、ヨーロッパの経営者には、日本と同じように朝昼、土日に関係なく働く人は大勢いますし、中には残業をいとわない一般社員もいます。

スウェーデンの取引先の担当者にラーセン氏という人がいました。彼の働きぶりはモーレツそのもので、寝食を忘れて働いていました。休暇も取らず、家族サービスもしないで、朝から晩まで働いていました。コペンハーゲン事務所には私を含めて三人の日本人がいましたが、私たち日本人よりも長時間働いていたように思います。しかも、彼からは土日でも仕事の件で電話がかかってきていました。

感心したのはその無尽蔵ともいえる体力でした。二、三日の徹夜はしょっちゅうで、私の事務所にもひんぱんに来ていて、出張もかなり多かったようです。ヨーロッパの出張というと、ごく当たり前のように国をまたぎますから、移動が長距離になりがちです。体力的には厳しいものがあります。しかし、彼はそれを無尽蔵ともいえる体力でしのいでいました。

そのためか、体力の元となる食事も半端な量ではありませんでした。

ある日、ラーセン氏が一緒にランチに行こうと誘ってくれました。私たちが入ったのはコペンハーゲンのチボリ公園の横にある鉄板焼きレストランでした。

ラーセン氏の注文した肉がテーブルに運ばれてきたときには、ビックリしてしまいました。日本人からすれば三人前ぐらいの量があったのです。重さにしたら優に一キログラムはあったのではないでしょうか。ところが、これで終わりではありませんでした。やはり三人前はありそうな大盛の焼き飯（フライド・ライス）も注文していて、それを美味しそうに口に運んでいます。

これだけの量を一人の人間が食べられるものなのか、同じテーブルの私は圧倒されてしまいました。

「ミスター・ラーセン、そんなに注文して食べられるの？」と聞くと、「実はさ、三日前から出張で忙しくて、この二日間はまともに寝ていないし、しかもご飯を食べている時間がなかったんだ」と、答えながら食べ続けました。

料理の種類よりも満腹感のある量を重視

ラーセン氏ほどではなくても、ヨーロッパ人はよく食べます。ですから、ヨーロッパやアメリカの日本食は同じ料理でも、本家よりも量が多くなっています。

たとえば、寿司の大きさは日本の二倍とまではいかなくても、一・五倍はゆうにあります。日本と同じ大きさでは物足りないのです。口の悪いアメリカ人にいわせると、「日本の寿司？　ありゃ小鳥のえさだ」とうそぶきます。それほどまでに欧米人と日本人では食べる量が違うのです。

あるとき、日本のお医者さんからヨーロッパ人と日本人では胃の構造が違っていると聞きました。日本人の胃は横向きに近い形なので食べ物が胃に貯まりやすくなっているのに対し、ヨーロッパ人の胃は縦型に近いので食べ物が胃に貯まりにくくなっているそうなのです。

そのため、日本人は少量の食べ物ですぐ満腹になりますが、ヨーロッパ人は満腹感が出にくい構造になっているというのです。ヨーロッパ人は狩猟民族なので、不猟のときに備えて、獲物が多く獲れたときには一気に大量に食べて、食いだめができる構造になっているのです。

これを聞いて、食べる量の違いに納得できました。

その後、オランダで起業して日本食レストランを展開したとき、私はメニューの量を基本的に日本の一・五倍にしました。焼き鳥、つくねなどの串ものは、日本ならせいぜい一串四〇グラムほどですが、それを一串五〇グラム以上にしたのです。その他の料理も、同じようにしました。量が多くないとヨーロッパ人の胃袋をつかめず、リピーターになってもらえません。ヨーロッパ人にとっては、食事には満足感、幸福感、そしておなかがいっぱいになる満腹感が重要なのです。

日本人はおかずの種類というか品数が重要で、量の多い少ないはそれほど重要ではありません。懐石料理を見ると分かります。一つひとつの料理は量が少なく、季節を取り入れた多くの種類の繊細な料理が並びます。この料理が満腹感だけでなく、精神的な満足感、幸福感を与えてくれるのです。

ヨーロッパはまったく逆で、おかずの種類の多少ではなく、味とともに量の多さ、おなかがいっぱいになる満足感が重要なのです。

それにしても、三人前の料理をぺろりとたいらげるラーセン氏は、仕事でもハードワークします。コペンハーゲン事務所はこの数年後に閉鎖することになるのですが、ラーセン氏はそのときの商売を引き継いで成功しています。それは、ひとえに彼の働きぶりによるものです。

なお、これほどの仕事人間だと家庭はどうしているのか気になったので、聞いてみたことがありました。そうしたら、「結婚する前に契約というわけじゃないけど、仕事で忙しくて家庭サービスはできないし、育児も手伝えない。それで良いならと、二人で納得したうえで結婚したんだ」といっていました。

日本人も脱帽の仕事人間で、ヨーロッパには体力にあかせて並みの日本人よりも働く、彼のような人もいるのです。

4　会社にアルバイト従業員は存在しない

週一のパートタイムでも正社員になる

私はオランダのアムステルダムを拠点にヨーロッパ数カ国で「串亭」という、焼き鳥をメインにした和食レストランチェーンを展開していました。商社を辞めて独立し、ヨーロッパで起こした初めてのフードビジネスでした。

レストランを開業するのですから、厨房やホールで働く従業員を雇うことになります。このとき、日本とのあまりの違いに驚かされることばかりでした。

一九九〇年、私は初めてデンマークのコペンハーゲンに駐在し、以来三年にわたってヨーロッパで仕事をしていましたから、ヨーロッパにおける働き方についてそれなりの知識はありました。その私でさえ驚きました。

私は当初、厨房で働く従業員は正社員でも、ホールの従業員はアルバイトでかまわないと思い、アルバイトを採用しようと考えていました。ところが、オランダには日本のようなアルバイトという雇用形態がなかったのです。

日本であれば、週一日の勤務という働き方の場合は、パートタイマーとかアルバイトという雇用形態が普通です。アルバイトですから、もちろん社会保険はありません。ところが、オランダではたとえ週一日の勤務で、フルタイム働くわけでないとしても、労働法で従業員は正社員と決められています。正社員ですから、年金や健康保険などの社会保険は日本と同じように、会社と従業員がそれぞれ半分ずつ負担します。アルバイトという雇用形態があれば、必要のないはずの社会保険まで負担をすることになります。

日本の場合は、アルバイト、契約社員、正社員など多様な働き方があり、それにともない責任の重さ、給料の支給基準は違いますし、社会保険も違っています。ですから、問題が起きにくい制度でもあるのです。

しかし、従業員が正社員だけのオランダは、同じ社員とはいっても、労働時間も違えば、働き方も違います。トラブルが起きても仕方のない制度なのです。

従業員と何度でも粘り強く話し合う

ばらばらの条件で入社した社員達を一つの方向にまとめていかなければなりません。そのためには、しっかり時間を取って一人ひとりと何回も面談し、「あなたを理解しているんだよ」と態度と行動で伝えることが大切です。

いくら従業員思いの良い制度をつくってみたところで、面倒だからと面談を短時間で済ませて、事務的に応対しようとすればするほど、従業員は思うように力を発揮してくれません。その従業員と時間をかけて仕事の役割を理解させ、給料についても率直に話し合うことが必要不可欠でした。

私が従業員との面談でよく話したのは、みんな同じボートの乗組員でそれぞれの役目は違うけど同じ船に乗ってるんだということでした。そのうえで、従業員はそれぞれの役割を持ち、それによって給料も違うことを話していきました。

実際には、仕事の役割と給料で相手が納得したからといって、それですべてが円満に解決することはまずありえません。あいつはどうだ、こいつはどうだ、と話は広がっていきます。それでも話し合う中で合意を取り付けるのです。

組織で動く日本人には、あまり経験したことのない個人の価値を賃金に落とし込む交渉ですが、粘り強く話し合いを重ねて落としどころを見つけます。

ヨーロッパでは、従業員の役割と対価（給料）の話し合いは、残念ながら避けて通れません。

より多くの給料を望む従業員とは次のようなやりとりを行います。

「この内容の仕事では給料はこの金額がマックスで、これ以上望むなら、君の上司と同じように採算に責任を取ってもらうことになるが、君にできるかい？」

「できますとも」

「私は今まで君の仕事を見てきたが、今の君には無理だと思う。まだ経験が足りないと思う」

相手が納得するまで話し合います。安易な妥協は何もいいことがありません。こうした話し合いを避ければ避けるほど問題を複雑にします。それが、ヨーロッパで人を使って事業をするということです。

5　従業員は給料が上がるとみんなに自慢する

給料の不満を直接経営者にぶつけてくる

従業員の給与は経験や技量によって決めていました。「同じ社員」ですから公平に扱おうという意識がありました。日本の一般的な慣行でしょう。海外で事業をしているといっても、私は日本人ですから、無意識にこう思っていたのです。

従業員の能力や貢献度により給与に差をつけるのは当然だとしても、露骨な差をつけることをせず、その年齢にふさわしい給与を払う、ある意味、典型的な日本方式を取り入れていました。

ところが、ある日、従業員のアルベルトが同僚の名前を挙げて、「アイツより仕事をしているオレが、どうしてアイツの給料と同じなんだ」とくってかかってきたのです。アルベルトはたしかによく働くし、仕事ぶりもほかの従業員より上でした。

それは十分に把握していたので、実は少しだけアルベルトの給料を高くしていたのです。ただ、日本的な「公平さ」を考えてこれ以上の給料を出せないと、私は考えていました。「君がよく働いてくれているのはわかっている。彼より能力が高い。だから、君のほうが少し高い。だけど、これ以上差のつく給料なんて出せないよ。君だって彼と同じ社員仲間なんだから彼の事情もわかってやれよ」、内心ではそう思っていたのですが、あまりにも日本人的な考えだったので、理解してもらえないだろうと思って口には出しませんでした。そのため、彼は引き下がってくれそうにもありませんでした。

何事もオープンにするのがヨーロッパ流

しかたなく、「わかった、じゃあ、君の時給を上げよう」、そう私はいい、時給を上げることにしました。

そうしたら、驚いたことにアルベルトは「オレの時給はアイツより高いぜ」とみんなに自慢そうにいいふらしたのです。

日本ならこういう場合、「君の給与は上げるけど、みんなには内緒だよ」などとことさらいわなくても、いらぬ摩擦を避けるために、内密にするのが普通です。

しかし、給与が上がると、それをオープンにしてしまうのがオランダ流なのです。そうなると、ほかのスタッフからも、「アイツよりオレのほうが働いているから給料を上げろ！」と、賃上げの交渉が次から次に襲ってくることが目に見えていましたから、私は事態の収拾に奔走しなくてはならなくなりました。

賃上げは従業員の個人評価にかかわります。給料を上げない従業員には、「君は彼より働いているというけど、客観的に見て彼のほうが働きがいい。だから、その給料でがまんしてくれ」などという話を、本人を目の前にしてしなくてはならなかったのです。日本でなら、こんなやり取りはまずしないでしょう。実につらい仕事でした。

何ごともオープンにし、自分を主張するのがヨーロッパ流ということは聞いてはいましたが、まさか私の会社でこんなことになるとは思いもしませんでした。

6　労働法が変わり一〇〇年の伝統が消えた

労働法はしょっちゅう変わる

社員とのもめごとの多くは、労働法が変わるたびに起こります。私の会社は多いときで、ヨーロッパで三〇人の社員を抱えていました。日本人、ドイツ人、オランダ人、ベルギー人と多国籍の社員が在籍していましたから、毎日何かしら問題が起こっていました。

労働法が改正されたのに無視をしたり、何も対応しないで放っておくと、従業員と必ずもめます。悪いことに、労働法はしょっちゅう変わるので、そのたびにもめごとが起こることになります。

社内に労働組合はありませんでした。しかし、業種ごとに労働組合団体があり、社員はそこに加盟しています。そこが労働法の変更等の宣伝活動をしっかりやっているので、従業員は何がどうなっているのかを実によく知っています。知らないのは日本人の経営者側だけということがほとんどです。

しかも、従業員が会社を裁判に訴えようとすると、労働組合団体の専属弁護士を無料で雇えますから、なんのためらいもなく訴えることができます。たぶん訴えられる前には、事前の話がそれなりにあるのでしょうが、現地の労働事情に慣れてない日本人には、いきなり裁判が降ってくるように思えます。私の場合は三回訴えられましたが、何の前触れもなく訴えられるので「いきなりそう来たか」と感じました。

とはいえ、訴えられる経営者側は弁護士費用はタダではありません。内心「勘弁してくれよ」と思っていました。しかし、裁判費用の面からいえば、経営者にもそれをカバーする賠償責任保険があります。弁護士費用も含んでいる保険ですから、従業員が多い少ないに関係なく、保険に入っておく必要があります。

労働法が変わって経営者にしわ寄せが

労働法が変わったことで、私たちにとんだしわ寄せが来たことがありました。

私のレストランの「串亭」では、ビールはハイネケンの生ビールを扱っていました。サーバーで注ぐタイプだったので、二五リットルか五〇リットルの大きいアルミの樽を四〜七樽、レストランの地下倉庫まで運びます。ビール一リットルはほぼ一キログラムですから、二五リットルは二五キログラム、五〇リットルは五〇キログラムにもなります。かなりの重さです。

労働法が変わってビールの樽運びは店のオーナーの仕事になってしまった（オランダ）

ハイネケンの配送担当者は、体格のがっしりした人ばかりで、その作業を週一回やっていました。アムステルダムの街ではごく当たり前の光景で、狭い道にハイネケンの樽を運ぶトラックが駐車している光景は、街中にめぐらされた運河と同じく、私にとっては見慣れたものです。

ところがある日、ハイネケンから担当者が来て、来月から樽を運ぶのは店のドアまでで、店内の地下倉庫までは運ばないと通告されました。

通常、店へ配達するビール、肉、野菜、備品などは、それぞれの業者に店の鍵を渡しておき、それぞれが店内の決められた場所まで運ぶことになっていました。開店前にはこうした品物の配達は終わります。

ところが、労働法が変わったため、ハイネケンの労働組合の訴えで従業員には二五キログラム以上の重い物を持たせられなくなったということでした。業務用ビールの樽は基本的に五〇リットルですから優に二五キログラムを超えるので、店内に運ばせられないというわけです。

ビール運びは一〇〇年以上続く伝統でしたが、労働法が変わったため伝統も姿を消してしまいました。

それ以来、近所のパブ、レストランでも、店の前に運ばれたビール樽を店の中に運び込むのは、店のオーナーの役割に変わってしまいました。

労働法を守らせるシステムができあがっている

オランダでは労働賃金の変更もかなりの頻度で行われています。一〇年ほど前までは、日曜日の給料は平日の五〇パーセントアップと定められていました。従業員の給料が五割増しになると、それに見合う売上げがなければ利益を出せません。そのため、日曜日には開いている店が少なかったのですが、最近はその労働法のルールがなくなったことから、アムステルダムの街中は日曜日でも開いている店が増えてきました。

労働法にはちょっと風変わりな規則もあります。事務所やお店で長時間労働させる場合、外が見える窓（一定の大きさ）が必要になります。オーナーにはこれが適用されませんが、従業員を地下ショップなど窓のないところで一日中働かせることは違法なのです。地下でも吹き抜け、外を見渡せる窓と、ドアを作る必要があります。

変わった労働法はこれに止まらず、まだまだあります。こうしたことを知らないで、従業員に仕事をさせていると罪に問われます。ヨーロッパでは労働法がひんぱんに変わるので、情報の入手ルートを確立するためにも、現地の従業員、労働組合とつねにコンタクトをとっておく必要があります。

労働者の権利保護に力を入れているヨーロッパの国々では、各市町村の労働局の査察が抜き打ちで行われ、従業員全員の労働条件、契約書、実態を一人ひとりチェックし、労働法が守られているかどうか聞き取り調査を行っています。

とくに、飲食業は労働条件が守られていない業種とみられているのか、定期的に査察が行われます。

オランダの場合、査察は私服の労働局員と制服の警官が合同でやってきます。何の前触れもなく、いきなり正面玄関から入ってきて「これから査察をする」と宣言し、従業員を一人ずつ調査していきます。

レストランが営業時間中でお客さんがいようとも、それはまったく気にとめないで調査をします。飲食店では不法滞在者などが働いているケースが少なからずあるので、抜き打ちで検査する必要があるのかもしれません。だから、営業時間中であるかどうかなどはまったく考慮しないのでしょうね。

ヨーロッパは、日本と比較すると経営者側に厳しく、従業員に優しい制度があり、それを厳格に運用させるシステムになっています。ですから、ヨーロッパでは従業員はなるべく雇わずに、経理、営業までアウトソーシング（外注）している経営者が増えています。

7 会社の経営者は必ず裁判に巻き込まれる

まったく知らない男二人から訴えられる

長年にわたりヨーロッパで会社を経営していると、必ず裁判に巻き込まれることになります。それも、訳も分からずにいきなり訴えられます。自慢じゃありませんが、私も何回か訴えられています。訴えてくる相手は従業員（！）だったり、取引先だったりとさまざまです。

日本で裁判沙汰というと、悪いこと、あってはならないことです。ですから、訴えられないようになんとか回避しようとします。そんな国からやってきた日本人が裁判に訴えられるような事態になると、精神的なプレッシャーたるや並大抵ではありません。弁護士を探すのも一苦労ですし、事前打ち合わせをするにも外国語となります。苦痛以外の何ものでもありません。苦痛の原因は、心理的なところが多分にあると思います。

初めて訴えられたのは二〇〇一年のことでした。

オランダでフレンチレストランを買収し、お店をフレンチから日本食のレストランに改修しました。そして三カ月後に新規オープンし、半年ほど経ったころでした。私はまったく聞いたこともない名前の二人の男から訴えられました。

その二名は、買収したフレンチレストランの従業員だったのです。フレンチレストランを買収するとき、そのオーナーからレストランの営業許可等と造作を買い取るにあたり、従業員は日本食を知らないので引き取らない旨を、契約書に付け加えていました。

たとえレストランでも、会社を引き継ぐときは、労働法によって従業員ごと引き取ると決められています。ただし、①勤務地や所在地変更などの特殊な事情があること、②解雇理由が労働局に事前に認められていること、の二つの条件が満たされたときはこの限りではありません。

私は労働法のこの規定を知っていたので、レストランの売買契約書に雇用義務はない旨を記載したのです。フレンチレストランの従業員だった二人は、雇用は継続されるべきで、この契約自体が無効と訴えてきたのです。

同一場所でフレンチから日本食への業態変更に、継続性があるかないかが争点です。そしてこの裁判に負けると、二人分の給料と社会保険料の過去一年分を支払うことになります。それだけでありません。その後雇用するのかしないのかを決め、解雇するのであれば、彼らと裁判で和解して解雇金を払うことになります。この解雇金は通常、勤続年数によって算定されますが、そのフレンチレストランの従業員はいずれも勤続一〇年以上のベテランでした。

弁護士に確認すると、裁判で負けたらとんでもない金額の支払いが待っていて、せっかく始めたレストランの存続に関わるほどだと脅かされました。

民事裁判は拍子抜けするほどくだけている

ヨーロッパで起業して初めての裁判です。当日はスーツ姿にきちんとネクタイを締め、身構えて裁判所に出向きました。そして驚きました。

法廷には黒服を身につけた裁判員が並んでいますが、原告はジーパンにTシャツ姿です。

何という格好で裁判所に来るのだとビックリしました。後で聞いたところでは、原告も被告もジーパンにTシャツなんて当たり前だそうです。

実際の審理に入ると、裁判官が被告、原告の両方にいろいろと質問します。その口調もくだけたものです。

裁判官「店の電話番号は前のフレンチレストランと同じ番号なのですか?」

弁護士「店の名前は変えてます。え〜、新しい番号を取るのに時間がかかるので電話番号は同じ番号を使ってます」

裁判官「電話番号が同じということは、事業の継続性が存在しますね」

一同「シ〜ン」

裁判官「反訴状にフレンチのサービスと日本食のサービスは違うと書いてあるけど、ホントなのか。何がどう違うの?」

弁護士「サービスの方法はまったく違いますよ。たとえば、日本食はスープが最後に出るらしい……」

一同「えぇ〜。ウソだろ」

裁判官「だいたい日本人にフレンチの食べ方が分かるのか?」

一同「ワハハハハ(爆笑)」

裁判官「フレンチの従業員に日本食のサービスさせたらどうなるの？　できるの？」
一同「ワハハハハ（爆笑）」
こうしたやりとりがあり、裁判長の次の言葉で裁判の帰趨が決まりました。
裁判官「だいたいフレンチのコックが日本食をつくれるわけないよな」
一同「ワハハハハ（大爆笑）」
民事裁判だからでしょうか、まるで街角で立ち話でもしているような感じです。裁判に持ち込むほど深刻な話であるはずなのに、ときとして笑いが起こるなど、日本人がイメージしている裁判に比べたら、拍子抜けするほどくだけた法廷です。
ヨーロッパの裁判所は、裁くというよりも仲裁機関といったほうがピッタリだと思いました。要するに、裁判官は原告と被告の落としどころを探っているのです。
この裁判では審理は二回行われました。その途中で元のフレンチのオーナーが、別の場所で似たような店を始めたことが判明して、前の経営者に従業員の保証責任があるということで裁判は終わりました。結果的には、私の会社に雇用責任はなかったので勝訴という形になりました。

自分と相性が合う話のしやすい弁護士を選ぶ

もしも海外で裁判沙汰になったとしても、ことさらに恐れる必要はありません。落ち着いてその裁判内容に合った弁護士を探すことから始めてください。

弁護士もそれぞれ強い分野があります。大きな弁護士事務所は分野別に弁護士をそろえていますので、大きな弁護士事務所がいいのかというと、そうとは限りません。大きな弁護士事務所は便利ですが、弁護費用がかなり張ります。

最初に依頼をするしないの話は、短い時間であれば無料か、かかったとしても少額ですみます。一般的に、費用がかかる場合は、その旨を必ず事前にいってくれます。

一番重要なのは、事務所の大きさにこだわらずに、自分と相性が合う、あるいは話がしやすい弁護士を選ぶことです。こうした弁護士は依頼主である私の意向を的確に汲んで裁判にあたってくれるので、結果についても満足できるものになります。ところが、相性が悪い弁護士にあたると、「本当に私の弁護士か?」とか「どっちの味方なのか?」と思いたくなることがあり、裁判結果も満足にはほど遠いものになります。

私自身、オランダで何件か裁判沙汰に巻き込まれて、何人かの弁護士に助けてもらいました。その中で、やはり話しやすい人、相性が良いと思う人とは上手くいきました。有名、無名にこだわらず、弁護士は面談したときの相性で選ぶことが大事です。

8　ビジネスの服装はスーツでなくてもかまわない

ヨーロッパは日本ほど服装に厳しくない

これからヨーロッパに進出しようと考えているビジネスマンから、「海外で仕事をするときはどんな格好をすればいいの？」とよく聞かれます。

日本では、ダークスーツに白の長袖のシャツ、それにネクタイがビジネスマンの定番アイテムで、紺系かグレー系のスーツであれば、会社を訪問するときからちょっとしたパーティまで、だいたい通用します。ビジネスマンには実に便利な服装です。

一方、普段は作業着姿の町工場の社長も、銀行や得意先に出向くときは、やはりおなじみのダークスーツに着替えます。もしも、ポロシャツにジャケットで出かけようものなら、相手の心象を悪くすることは間違いなく、「これからゴルフにでも行かれるのですか」と嫌みの一つもいわれそうです。

日本は、ある意味、服装に関して厳しい国だと思います。厳しい目が向けられるのはビジネスシーンだけではありません。日常生活においても、結婚式ならブラックスーツに白のネクタイ、葬式なら同じブラックスーツでも黒のネクタイといった具合に決められています。そもそも「礼服」があるのは日本だけです。

ヨーロッパの結婚式では、男性はスーツ（ビジネススーツ）が一般的で、女性はビシッとドレスで決める人がいる一方で、おしゃれなシャツにスカートやパンツというカジュアルな姿も見かけます。

葬儀では、男性ならダークスーツに黒のネクタイ、女性なら地味な色のワンピースやスーツという服装が普通です。喪服もありますが、着用するのは遺族だけです。

服装に厳しい日本でも、最近はクールビズという言葉がすっかり定着して、暑い季節にはネクタイをしなくても許容されるようになってきており、ネクタイをしないビジネスマンをよく見かけます。しかし、これも暑い季節限定で、通年でノーネクタイというのはまだまだの状況です。

ジャケット着用ならノーネクタイでもＯＫ

「海外でのビジネスなら、きちんとした格好で行きなさい」と、多くのノウハウ本に書いてあります。しかし、ヨーロッパにおいては、イギリスとドイツを除けば、そんなことはありません。

とくにラテン系の国々では、ネクタイをしなくても、ジャケットさえ着ていれば問題がありません。服装そのものが儀礼になっていて、そうでないと失礼に当たるというようなことはないのです。

イギリスは今でも階級社会です。階級によって使う言葉もまるで違いますし、服装も違います。服装のＴＰＯはもちろんありますし、場合によっては、日本以上にうるさいといっていいでしょう。

階級によっては、ネクタイの結び方もウィンザーノットだけで過ごすわけにはいきません。しかし、日本のサラリーマンがイギリス貴族とビジネスのお付き合いをすることはまずありませんから、貴族のスタイルに合わせる必要はないでしょう。

ちなみに、決まった時間に会社に行って、決まった給料をもらう日本のサラリーマンは、イギリス貴族からみれば二、三階級下の種族とみなされます。

ビジネスで会う人は庶民階級の出身者ですから、別に気する必要はありません。ビジネススーツで十分です。

私が長年暮らしてきたオランダは、ネクタイを締めることは希です。裁判所、弁護士事務所へ行くときはネクタイを締めましたが、ビジネスではノーネクタイで通しました。せいぜいジャケットでことが足ります。服装も派手な色使いの普段着でもいっこうにかまいません。

ただ、ドイツはオランダやラテン諸国と比べると、ビジネスの服装と普段着はハッキリ分けています。ビジネスではジャケットや背広にネクタイが一般的です。色も地味で落ち着いた紺や茶系が多くなります。

ヨーロッパにおけるビジネススーツは、それぞれの国で個性がありますが、欠かせないのがキチッとした髪型と清潔感です。この条件さえ外さなければ、日本ほどは気にしなくても良いということです。

9　IDカードとパスポートは手放せない

自国民でもIDカードの所持は義務

ヨーロッパを車で移動すると、すぐに隣の国に着いてしまいます。アムステルダムから高速で南に一時間も走ると、ベルギーのブリュッセルに着きますし、東へ一時間走るとドイツとの国境に到着します。

アムステルダムでお客さんと商談していて、夕食を食べようというときに、「ドイツで豚肉料理にする？　それともベルギーで魚料理か貝料理にする？」ということも、珍しいことではありません。それくらい隣国は身近なのです。

ヨーロッパはシェンゲン協定があるので国境で出入国審査はありません。パスポートを提示しなくても隣国に入国できるので、気軽に国境をまたいで動き回ることができます。しかし、パスポートがなくてもかまわないということではないのです。

ヨーロッパでは、すべての人が身分証明書のＩＤカードを持っています。課税番号も記載されていて、日本でいうマイナンバーカードのようなものですが、マイナンバーカードと決定的に違うのは、自国内であろうと、ＩＤカードを身につけて外出することが義務づけられていることです。

海外からの居住者も、ＩＤカードの取得と常時携帯が義務づけられています。そして、海外にいるわけですからパスポートも手放せません。なので、私はパスポートが入る大きめな財布の中に、パスポートとＩＤカードの両方を入れて、つねに持ち歩いていました。

うらやましがられる日本のパスポート

ＩＤカードやパスポートを持っていないと、警察官から尋問を受けたときに、警察署に連れて行かれて取り調べを受けます。ただ、ヨーロッパ居住の日本人は、とくにIDカードがなくても、パスポートがあればほとんどこと足ります。日本のパスポートがあれば、検問で引き留められて尋問されることはほとんどありません。

ただ、パスポートを携帯していなくて、一度だけ尋問を受けたことがあります。車でオランダからドイツに入り、パトカーに止めさせられて尋問を受けました。このとき、オランダのIDカードは持っていましたが、パスポートをオランダの家に忘れてきたことに気づきました。

すると、その警官は「車はそこに置いて警察署まで来い」といい、私はパトカーに乗せられました。乗ってすぐに、パトカーの中で本署と無線で連絡を取っていたもう一人の警察官が「日本人か？」と聞いてきました。「そうだよと」と答えると、「パトカーを降りて良いよ」といきなり解放されました。別件で忙しくなったのか、警察官が大したことないと判断したのか分かりませんが、簡単に解放されました。

私の日本人の知人には、検問に遭ったときにパスポートを携帯していなかったため、警察署まで連れて行かれ、身元が確認できるまで一時間も拘束された人がいます。このような目に遭っているのは一人だけではなく、複数います。ただ、パスポートの不携帯でこの程度で済むのは、先進国、とりわけ日本のパスポートであり、そして日本人だからのようです。

ドイツに住んでいるスリランカ人の友人は、検問に遭ったとき、パスポートとIDカードを出しても警察署まで連れていかれ、尋問を受けて身元確認ができるまで警察署で二、三時間、留め置かれていたといっていました。

オランダでもドイツでもヨーロッパでは、偽物のIDカードが出回っているので、本人の持っているIDカードが本物かどうかを確認しているのです。

このスリランカ人の友人はまた、違う場所で一日に二回も警察官の尋問を受け、そのつど警察署に連れて行かれ、ID番号と名前、パスポートを確認するため、それぞれ数時間ずつ留め置かれたとぼやいていました。

日本人はたとえ警察官の尋問を受けても、パスポートを出せば「ヤパニシュ？ OK！」とすぐに解放されるよと、スリランカ人の彼に伝えると、「嘘だろ！ 日本のパスポートはいいなあ」とうらやましがっていました。

パスポートの期限切れにも注意する

私は大き目な財布にパスポートとIDカードをつねに入れているといいましたが、恥ずかしいことに、それでもパスポートを忘れてあわてたことが二度ほどありました。二回ともパスポートが必要になる飛行機で移動するときです。

一度目はデンマークのコペンハーゲン空港でのことです。午前中はコペンハーゲンの事務所でバタバタと事務仕事をして、昼ごろにお客さんをホテルまで車で迎えに行き、そのまま空港からスウェーデン、ノルウェーの客先に行くことになっていました。そして、いざ搭乗しようとしたときに、パスポートがないことに気がつきました。

財布に入っているはずのパスポートをどうしたのだったか考えました。そして午前中に、事務所で秘書が何かの書類に必要だからと、私のパスポートをコピーしていたのを思い出しました。その後、秘書はパスポートを机の書類の脇に置いたはずです。それを財布に戻し忘れていたのです。あわてて同僚に電話してパスポートを届けてもらい、どうにかお客さんと同じ飛行機に乗り込めました。

二度目は、オランダのアムステルダム空港でした。私は早めに空港に行くことをつねに心がけています。その日も三時間前には空港に着いていました。日経新聞を買おうとキヨスクで財布を出したとき、厚みがいつもより足りないと感じ、調べてみたらパスポートが入っていなかったのです。

早めに空港に来ていたため、自宅と空港をタクシーで往復する時間はあると思いましたが、搭乗予定のエアラインの空港カウンターのスタッフには「パスポート忘れたので取りに行く」と説明して、「ギリギリにチェックインすると思うので、できるだけ待ってくれ」と伝えました。幸い、どうにか間に合いました。

パスポートのトラブルは、不携帯だけではありません。ヨーロッパの駐在員が時々やらかしてしまう失敗がパスポートの期限切れです。

私の先輩にヨーロッパ駐在のGさんという人がいました。あるときGさんは、日本から来たお客さん数名と、ヨーロッパ域内の数カ国の客先まわりをしている最中に、空港でいきなりGさんだけが止められたそうです。その理由というのが、パスポートの期限が前日までだったことでした。

Gさんはすぐに、その国の日本大使館にパスポートの発行を申請したのですが、即日発行とはいきません。発行までに数日かかり、Gさんのアテンドで行動していた日本からのお客さんは、それ以降のすべての日程がキャンセルになってしまい、社内で大変な問題になったと聞かされました。

パスポートの不携帯や更新を忘れると、海外では仕事に大きな影響を及ぼします。こうしたポカをするのは、昨日今日駐在し始めた人だけでなく、長い間海外に駐在している人でも起こします。駐在員や海外在住の人の話を聞くと、ほとんどの人が経験していることが分かります。

10　トップはタクシー感覚でビジネスジェットを使う

待ち合わせはプライベート空港だった

ドイツの大手重電企業と日本の大手重電企業が組んで、スウェーデン第二の都市、ヨーテボリ市の大型地域暖房設備の売り込みをお手伝いしているときのことでした。このプロジェクトは、ゴミ焼却設備とその余熱を使った大型地域暖房設備で、一基数億円で総数一五基を設置する大規模なもので、数年がかりで取り組んでいました。

いつもはドイツ企業の営業担当者、ミューラー氏と組んで、ヨーテボリ市を訪ねていました。それが今回は、ミューラー氏の上司の取締役も同行するので、「ヨーテボリの空港で待ち合わせしよう」と連絡を受けていました。それで当日は、ヨーテボリ市在住のスウェーデン人の同僚と、いつも通りヨーテボリ空港で待っていました。

ところが、指定の時間を過ぎても一向に姿を現しません。ドイツのフランクフルトから来ることになっていたので、到着便の時間を調べたのですが、待ち合わせの時間にフランクフルト空港からの便はありませんでした。

ヨーロッパにはビジネスジェットが運航できるプライベート空港がたくさんある（オランダ）

おかしいなと思いながらミューラー氏の携帯に電話すると、「ごめん、間違えた。いつもの空港じゃなかった。プライベート空港に今着いたところなので、こっちに迎えに来てくれ！」とだけいって、電話を切ってしまいました。プライベート空港ってどこにあるのだという疑問を口にする暇もなかったのです。

何が何だか分からないままに、空港案内カウンターでプライベート空港の住所を聞いて、あたふたしながら大急ぎで駆けつけました。

到着したプライベート空港は、こぢんまりとした待合室と、舗装された滑走路が一本あるだけの空港です。ここが空港と知らなければ「こんなところに舗装されたまっすぐな道路があるんだ」と勘違いするに違いありません。その空港のかたわらに、ドイツの重電会社のロゴが入った小型のジェット機が停まっており、空港の待合室ではミューラー氏と上司らしき人がコーヒーを飲みながら、私たちの到着を待っていました。

ヨーロッパ、とくに北欧では、自家用機専用のプライベート空港が数多くあります。北欧は土地が広い割には人口が少ないので、公共交通機関が十分に整備されていません。そのため、移動は自動車か飛行機になるのです。大企業は自家用機を保有しているか、チャーターしたりして、ごく普通にビジネスジェットを使っています。

送ってあげるからジェットに乗りなよ

二人を車に乗せて、ヨーテボリ市役所の担当部署に行き打ち合わせをした後で、ヨーテボリ市の担当役人とゴミ焼却場・地域暖房建設予定地、数カ所の視察をしました。その日は夕方まで丸一日がかりでした。

視察が終わってから、市内でミューラー氏と彼の上司と夕食をとり、夜九時ごろに二人をプライベート飛行場に車で送りました。

別れ際にミューラー氏の上司から「今日は一日ありがとう。私達はフランクフルトに帰るけど、君はどこに帰るの？」と聞かれました。

私が「ヨーテボリ空港から最終便でコペンハーゲンに帰ろうと思っている」というと、

彼は「席があるからこれ（ジェット機）に乗って行かないかい。コペンハーゲンで下ろしてあげるよ」と、タクシーに同乗させるような気軽さで誘ってきました。

「それじゃ、お言葉に甘えて」といって、ジェット機に乗せてもらって帰ることにしました。機内でその上司と話をしていたら、会社にはプライベートジェットが二機あって、取締役になると自由に使えるそうなのです。

空港で下ろしてもらうときには、機内で「じゃあ、またね！」と、これまたタクシーで送り届けたような、なんともあっさりしたあいさつで別れました。

また、ヘリコプターで送ってもらったことも、数回ありました。

広大なアメリカやカナダの話ではなく、国がひしめくヨーロッパなのですが、トップ企業のビジネスは国境も関係なくダイナミックに動いています。

国単位で考えると、ヨーロッパの各国は日本、中国、アメリカと比較して市場規模は小さいですが、地域で捉えると陸続きのEU市場は総人口五億人と、アメリカより大きくなります。ヨーロッパの大手企業にとってはビジネスジェット機、ビジネスヘリコプターを駆使しても、採算が取れる市場規模ということなのです。

11　機械が壊れたらメーカーに持ち込んで修理する

ヨーロッパの製品はとにかくよく壊れる

ドイツやオランダなどヨーロッパ四カ国で、レストランを運営していたときのことです。どういうわけかレストランの備品がよく壊れるのです。しかも壊れた機械を直すのは至難の業で、新しく買い替えたほうが早くて安上がりということが多いのです。

ヨーロッパ製のコーヒーを淹れる機械なんてすぐに壊れます。ヨーロッパの水は硬水なのでカルシウムがたまりやすく、コーヒーを淹れる細いパイプがよく詰まるのです。加えて、機械そのものがよく故障します。メンテナンスをしているいないに関係なく、突如として動かなくなってしまいます。

壊れたからといって修理には来てくれません。どうするのかというと、買ったところに持ち込んで直してもらうのです。しかも、その店で修理してくれるのではなく、メーカーに送って修理するので、最短でも二週間はかかります。長くなると三、四週間もかかります。この間、コーヒーを淹れる機械は使えなくなります。

ヨーロッパで流通している製品は、ヨーロッパ域内の国々で作られています。デンマークで使っている製品が、自国製ではなくイタリア製だったりするのが普通です。こうした機械が壊れると、製造メーカーの国まで送って修理するのです。

そのため、日本では考えられないくらい時間がかかります。日本と同じ感覚ではことが進まないことが大きなストレスになります。

しかも、保証期間が短いのでほとんどの場合、修理費はこちら持ちとなります。安い機械や備品なら新しいのを買ったほうが手っ取り早いため、同じような機械を何台も買うことになるのです。

日本では「安物買いの銭失い」ということわざがありますが、ヨーロッパでは高いものを買ってもよく壊れます。さまざまな機能がついている製品だから壊れるのではなく、機構がシンプルな製品でもすぐに壊れます。いっては何ですが、その程度の品質の製品（商品）が多いのです。

一度の修理で直ることはまずない

レストランで使っていたコンベクションオーブン（焼きと蒸しが同時にできる業務用大型オーブン）もトラブル続きでした。最初はオーブンの温度が上がらなかったので、修理を依頼しました。日本のように技術者が修理をしに来てくれるのではなく、ヨーロッパでの修理はメーカーまで持ち込まなければならないのです。

コンベクションオーブンは、高さが約一・五メートル、左右と奥行きがそれぞれ約一メートルで、重さが一〇〇キログラムほどありました。何しろ重いので運ぶのが大変です。三人で厨房から外に出し、それからフォークリフトでカートに載せます。カートというのは、トレーラーのようにクルマの後ろに繋いでものを載せて運ぶ装置です。そうしてメーカーまで持ち込みました。

どうやら温度を調節するサーモスタットのトラブルだったようで、その部品を交換して修理は完了しました。来たときと同じようにカートに載せてレストランまで戻り、厨房の元の位置に戻しました。

庫内温度が上がるようになったと思ったら、あまり日を置かないうちに、今度は排水パイプが詰まりました。今回も同じようにオーブンをカートに載せてメーカーに持ち込みました。「何でこんなにトラブルが続くのだ。ホントに直ったのか確認しろよ」と文句をいうと、「前回は異常がなかった」などと、もっともらしい言い訳をします。

修理を終えて戻ってきたら、またすぐにトラブルです。今度はタッチパネルの接触不良で動きません。またまたメーカーに持ち込みです。「完全に動くようになったのかどうか確認していないのか」と苦情をいうと、「確認している」といって、次に言い訳が始まります。「申し訳ありません」という言葉はついに聞かれずじまいでした。こういうところが日本とは違います。

同じ機械が短期間で壊れる箇所が違うのには驚きました。結局、毎日の仕事に差し障るため、二台目を早々と買うことになりました。

日本では考えられないようなことが起こるのがヨーロッパです。修理にしても、メーカーに持ち込まなければなりませんし、それにかかる時間と金額、相手との交渉など、こうしたことに伴うストレスは、大変な負担となります。

ヨーロッパで一般的に売られている厨房関連機器は、家庭用、業務用を問わず、どれも似たり寄ったりでこの程度の品質です。

それに引き換え、日本製品は壊れません。レストランでは製氷機や業務用電子レンジなどを使っていたのですが、一度も故障しませんでした。やはり日本のものづくりの技術は素晴らしいと思います。

第 5 章

ヨーロッパで日本の輝きを取り戻す

販売されているのはすべて日本の「おかき」だが原産国は中国（オランダ）

1　事業の安全性が高いヨーロッパ市場

中国では商標や技術が盗まれるリスク高い

ヨーロッパは市場が大きく、法律がしっかりしているので、アジアのようなリスクは少ないといえるでしょう。

日本企業が海外に進出する場合、市場が近くて経済成長の伸び率が高いので、アジアに目を向けがちです。しかし、現実にはアジアに進出したものの、損失を出して撤退する企業の話を多く聞きます。とくに失敗例の多いのが中国です。

アジア市場における失敗の多くは、法律の違いなどによる行き違いがほとんどですが、政治体制や法律の未整備などによるビジネス環境が整っていないために失敗する例もあります。

私の知り合いの会社の例ですが、中国に進出するために工場までつくり、いざ販売となったら、いつの間にか自社の商標が他人によって先に登録されていて、日本で一〇〇年以上も使用していた商標が使えない状況に陥ったのです。それで急きょ訴訟を起こしたのですが、中国は先に商標を出願した者が権利を得る先願主義を取っているため、後からいくら訴えてもどうにもなりませんでした。

どうも、従業員か関係者が先回りしてその商標を勝手に中国で登録していたようなのです。その後、合弁相手の中国人経営者ともども裁判に持ち込みましたが、その登録が覆ることはありませんでした。結果、日本で一〇〇年以上使ってきた社名と商品名は使えずに、新たに商品名を決めて別の商標で登録し、中国市場で販売することになりました。

また、従業員教育で技術を教えると、その従業員が独立して同じ事業を始めるので、競争相手が増えるだけという話もよく聞きます。現地の従業員を育てれば育てるだけ、進出した企業はバカを見る構図です。さらに、信頼していた従業員に企業秘密を持ち出されるのは日常茶飯事といいます。

中国に進出した企業で撤退した企業は、私の周りにはいくらでもあります。うまくいった例が希有な気がします。

ヨーロッパには法律を重んじる基本的な道徳観がある

ヨーロッパではどうかというと、ヨーロッパは中小国家の集合体なので、国内、国外といっても、道でつながっているお隣さんです。資本主義経済も一〇〇年以上の歴史があり、法律はもちろん、国も国民も海外企業の受け入れには慣れています。なによりも、ヨーロッパ人は民主主義の先輩ですし、日本人と同じく法律を重んじる基本的な道徳観が存在しています。

ですから、アジア、中国で起きるような法律の不備とか、自国だけが有利な企業法は存在しないのです。日本人の想像を超えるめちゃくちゃなことは、ヨーロッパではまず起きません。

ヨーロッパは国家リスクもなく、安心して投資ができる市場の一つだと思います。イギリスがEUからの離脱を宣言しましたが、ヨーロッパ全体では五億人のマーケットで、EU市民の所得もアジアと比べものにならないくらい高いのです。

日本から見ると、ヨーロッパは時間的にも、距離的にも遠い地域ですが、アジアよりヨーロッパへの投資のほうがより安全で、事業として存続、発展の可能性が高いと思います。それに、私の知る限り失敗して損失を出し、撤退したという日本企業はヨーロッパでは少ないように思われます。

むしろ、ヨーロッパで時間をかけて投資をし、その分野で少しずつ存在感を高めている日本企業は徐々に増えています。ある大手商社の幹部も、中国、アジアでの度重なる失敗に嫌気が差し「これからはより安全なヨーロッパに企業投資を考えたい」といっていましたが、まったくその通りなのです。

2 言葉はビジネスの障害にならない

ビジネスの現場はテストではなかった

日本人は完璧な英語でないとビジネスはできないと思いがちです。私自身、ヨーロッパで仕事をするまではそう思い込んでいました。

商社勤めで初めての海外駐在となり、デンマークの事務所で働き始めたころの話です。もたつきながら、文法を気にしつつ少ない語彙を選んで英語で電話をしていたら、そばで聞いていた上司から怒鳴りつけられました。

「お前はバカか。英文学者じゃないんだよ、お前は。文法なんて気にしているんじゃないよ。商売をしているんだろうが。言葉は道具なんだよ。相手に伝わるか、伝わらないか、それだけだよ！」

要は、英単語と数字を並べて相手に理解させ、それで商売の話を決めて金を稼いでこいというわけです。しごくごもっともなお叱りを受けたことを思い出します。

もともとイギリス以外のヨーロッパは英語圏ではありません。商社勤務のときの私の担当エリアはヨーロッパでしたが、イギリスは含まれていませんでした。英語が母国語ではない国での英会話なので、現地の英語はきわめて大雑把でした。しかも、田舎に行けば行くほどいい加減な英語を話します。

オランダ人はよく「He have ~」「She have ~」といいます。文法上は両方とも「has」でなければならないのですが、彼らはまったく気にしません。これでコミュニケーションは十分にとれます。

ビジネスでは、テストで高得点がとれる英語が求められているわけではないのです。大切なのは、伝えなければならない内容が、相手にきちんと伝わっているかどうかです。商談における数字（数量や金額など）と、理解しているかどうかの確認、これで商談はできます。

ただし、文化の違いがあるので、つねに話の内容を何回か確認し、そのうえで念押しする必要があります。そうでないと、後で必ず誤解が起きます。

逆にいうと、「確認」と「念押し」をきちんとやっていれば、使っている英語が文法的に合っていようといまいと問題はありません。なので、話したことの確認をとることは、会話の大事な仕上げです。

経験上思うことですが、念押しがいかに大事かということです。こちらがいくら言葉をつくして説明しても、相手に「わかった」といってもらえなければ、理解されたことにはならないのです。

必要なのは専門用語と数字の英単語

私たち日本人は、日本語と英語では文法が異なるから習得が難しいと屁理屈をつけ、英語の習得を避ける傾向が強いように思われます。よく考えてもらいたいのですが、日本語で話すときにいちいち文法を考えて日本語を話しますか。そうではありませんよね。それと同じで、英語も文法でなくセンテンスを丸ごと覚えることです。

英語での会話、とりわけビジネスで使う英会話なら、必要最低限の単語でビジネスが成り立ちます。多くの人が身構えるような難易度はないのです。商社で海外勤務となると、たしかにそこそこの英語力は必要とされます。しかし、私がヨーロッパで仕事を始められたのは、「ビジネスは英語力よりも最終的に数字と確認作業である」と割り切れたことが大いに関係しています。

英語に限らず、コミュニケーションは通じることこそが優先されるべきものです。だから単語だけでの会話でもかまわないと今でも思っています。その単語も中学や高校である程度は知っているはずです。まずは知っている英単語を並べてしゃべればいいのです。そのうちに、徐々に慣れてきます。

自信のない人は、恥ずかしがらずに、まずは単語を並べてみてください。英語圏以外の国々に出てみれば、単語を並べてしゃべっているだけだと、すぐに気づくはずです。インド人も、中国人も、適当に単語を並べてしゃべっています。英語を母国語にするイギリス人以外のヨーロッパ人の英語も、よく聞くと文法は間違いだらけです。単語を並べているだけです。それでもコミュニケーションがとれているのですから、臆することなく、単語を並べてしゃべればビジネスはできます。

3　海外市場ではマーケットリサーチを徹底する

思い込みだけで突っ走ると失敗する

海外で話題の商品が日本に入ってくると、評判になってヒットすることがあります。そこで逆もまた真なりと、日本で大ヒットした商品、売れている商品、はやっているものを海外で販売すれば売れると思うのか、展示会などに出品する例が増えています。しかし、必ずしもヨーロッパで売れるとは限りません。

海外で売れるかどうかを見極めるには、時間と経費の無駄を省くためにも、念入りなマーケットリサーチが欠かせません。むしろ、マーケットリサーチがすべてです。その結果を見て、販売するかしないかを決めていきます。これを間違えてしまうと、多くの時間とお金をかけても、最終的には撤退することになります。

マーケットリサーチを兼ねて、現地の会社と共同でデモンストレーションを行う方法もあります。この方法は初期費用も少なくて済むので現実的です。とくに消費者向けの商品の場合、ダイレクトに消費者の反応を見ることができるので、マーケット状況がつかみやすく、商品説明や現地向けの仕様変更などの参考にもなります。

現地で販売する場合、日本での販売戦略と海外での販売戦略を、まったく別な切り口にしないと売れない可能性があります。

ある展示会に行ったときのこと、においが出ない納豆を出展している会社がありました。ヨーロッパで納豆が売れないのはにおいの問題と考えたのかもしれませんが、においの問題ならヨーロッパにはチーズがあり、こっちのほうがよっぽど臭いので、においの問題で納豆が売れないのではありません。

ヨーロッパでは大豆関連商品になじみがないので、わざわざ食べようとしないのです。

マーケットリサーチをすればすぐに分かることですが、無謀にもそうした努力をしないで、思い込みだけで突っ走ってしまうことがよくあるのです。

日本での成功体験は海外で通用しない

ヨーロッパで失敗するのは、マーケットリサーチをしないで日本での成功体験でそのまま突っ走る会社（のオーナー社長）か、マーケットリサーチをしてもその結果を尊重しないで日本流に邁進してしまう会社（のオーナー社長）のいずれかです。

ある食品会社からマーケットリサーチの依頼を受けたことがありました。日本で大ヒットした商品の塩麹《しおこうじ》をヨーロッパでも販売したいということでした。塩麹は醬油や塩と同じように調味料に使えるだけでなく、肉や魚料理の下ごしらえにも使える便利な食材です。日本ではいまや定番となった感があり、スーパーの棚にはさまざまなメーカーの商品が何種類も並んでいます。

私はマーケットリサーチを依頼された会社から商品を取り寄せて、ヨーロッパ数カ国のプロの料理人や家庭の主婦など数十人に配付し、使用方法を説明して利用してもらうことにしました。

一カ月後に出た結果は、芳しいものではありませんでした。味噌や醬油ならそれぞれに特有の味がありますが、この商品（塩麹）にはそれが足りないので、ヨーロッパでごく普通に食べる料理には使いにくいという結果に終わりました。

これを受けて、依頼主の会社にマーケットリサーチの結果を伝えたところ、調査結果に不満だったようでした。どうやら社長が「日本でこれだけ売れたものだからヨーロッパでも売れるはずだ」と、マーケットリサーチの結果をまったく認めようとしないで、「ヨーロッパで売れ」と部下にハッパをかけていると、風の便りで聞きました。

マーケットリサーチは、よく知らない市場の実態を把握するために行うものです。日本とヨーロッパというまったく違う市場だから慎重に調査したはずなのに、この会社はそれをまったく無視して、日本流を突き進めようとしているように見えます。私のこれまでの経験ではヨーロッパで失敗する典型例のように思います。

マーケットリサーチで芳しくない結果が出たら、その商品（塩麹）をこれまで考えていた調味料としてではなく、切り口を変えて健康食品として販売するなど、その市場で受け入れられる商品に仕立て直すこともできます。そのときにはまたマーケットリサーチをして、市場性を確かめることが、費用と時間を少なくできる方策なのです。

マーケットリサーチの結果を無視して突き進もうとするのは愚の骨頂です。失敗を恐れないでチャレンジするといえば格好いいですが、時間とお金をどぶに捨てているようなものだと、私は考えています。

4　ジェトロにはあまり大きな期待はしない

ヨーロッパの実情に合わないカタログの内容

ヨーロッパの展示会は出展するところではなく、見に行くところだと思っていますが、食品や漫画やアニメなどの食と文化については、展示会への出展はありだと思います。ところが、この展示会への出展の仕方が、また問題なのです。

近年、日本は和牛の輸出に力を入れています。アジアではそれなりの市場規模になっているようですが、ヨーロッパでは受け入れられていません。ヨーロッパは基本的に農業国が多く、畜産物、とくに鶏、豚、牛などは、日本からヨーロッパへの輸出は厳しく規制されています。ヨーロッパの農民を守るためということのほかに、食品の安全基準が厳しく、日本の甘い安全基準ではヨーロッパの基準をクリアできないからです。

和牛に関しては、数年前に日本の一部工場がヨーロッパの食品安全基準を満たし、ヨーロッパに輸出できるようになりました。その後、農林水産省や日本貿易振興機構（ジェトロ）などの日本政府機関主導でヨーロッパの食品展示会で和牛の売り込みを本格的に始めたのですが、驚くことに、その和牛のカタログがまったくヨーロッパの実情に合っていなかったのです。

ヨーロッパでは、基本的に骨に付いた肉を引きちぎって食べるのが好きなので、和牛の脂まみれで歯ごたえのない肉を好んで食べるとは思えません。

それに、日本でよくある焼き肉レストランを街で見かけることはありません。理由は二つあります。一つは薄切りの小さい肉を焼いてタレに漬けて食べることは、ヨーロッパ人の食習慣になじまないことと、もう一つは多くのヨーロッパ諸国では、危険なのでレストランでテーブルの上で火を使うことがレストラン法、消防法などの法律で禁止されているからです。

こうした事情を知ってか知らずか、ジェトロが展示会用に作った立派なパンフレットは、和牛を使った懐石風の小鉢をたくさん紹介したり、薄くスライスした和牛をアスパラに巻いた料理、小さな七輪に紙鍋のすき焼き風料理の写真を使っているのです。

ヨーロッパ人から見ると、「この細々したものは何？」「これ肉なの？」と思う程度ののでしかありません。それに残念ですが、ヨーロッパはアメリカ、カナダと違って豚肉、鶏肉が主体で、牛肉も食べますがメインではありません。

和牛は独特の味があって美味しいのは認めます。しかし、解禁から数年を経過していますが、ヨーロッパで和牛は売れていません。販売戦略を見直して、現地企業と組んで別の切り口で、ヨーロッパに適した広告戦略を編み出さないと拡販は無理だと思います。

国内事情優先の出展が行われている

はっきりいえば、展示会における日本パビリオンでは、ヨーロッパでまったく売れそうにないものが毎年出展されているのです。そのため、ヨーロッパ人の同僚も、日本食通のヨーロッパの食品メーカーの知人も、「日本ブースには見るべきものはない。ほかに良いものがいっぱいあるのに……」と、毎年同じ意見を繰り返しています。

展示会における日本ブースはジェトロが仕切っています。出展者は負担が少なくて済みますが、出展費用の大半は税金です。税金を使って出展するのですから成果がほしいところですが、出展している商品（製品）がヨーロッパの実情に合わない、お門違いも甚だしいものなのです。

それには二つの要因がありました。

一つは、出展を仕切るジェトロに人が少なく、現地情報がないことです。したがって、まともに現地情報をアドバイスできて、何を出展させるべきか判断できる専門家がいない

欧米人が買いたい物がない、ジェトロが運営する日本ブース（ドイツ）

のです。

二つ目は、ヨーロッパで売れる売れないにまったく関係なく、各都道府県の有名企業や地元有力企業の要望が通って、それで選ばれて出展してくることです。情けないことに、海外で本当に売れるもの、売るべきものを展示することは後回しで、日本の国内事情を優先するあたり、あまりに日本的といえば日本的です。だから、日本の実情を知っている現地のヨーロッパ人も、「ほかに良いものがいっぱいあるのに……」とため息をつくことになるのです。

ヨーロッパで売れそうな商品はたくさんある

ヨーロッパでは毎年、ドイツとフランスで交互に開催される食品の大展示会のＡＮＵＧＡが開催されます。二〇一七年はドイツのケルンで開かれました。この展示会でジェトロは数千万円をかけて巨大な

「ジャパン・パビリオン」を設け、日本からの出展企業に小間《こま》を分けています。

ここに出展している商品が問題なのです。ヨーロッパのマーケティングをほとんどしないものだから、出展されているのは地方の醸造所の醬油や味噌など、ヨーロッパ人の好みや食生活とはあまり関係なさそうなものが並んでいるのです。

この年の展示会で目についたのが「大豆ミート」です。大豆を整形して肉のようにつくったものですが、ヨーロッパの人は大豆のにおいをあまり好みません。なので、あまり売れていません。それに、大豆ミートは中国からヨーロッパに大量に入ってきています。価格も安いのですが、それでも売れていないのです。そんなものを展示してどうしようというのでしょうか。今回も大きなため息をついてしまいました。

ちなみに、日本の商品でヨーロッパで売れそうなものには、健康サプリ、自然食品、自然殺菌剤、特殊食品機械、天然衛生用品などがあります。

ヨーロッパは昔から衛生観念が高く、食品衛生は厳しく管理されています。また街なかを歩くとオーガニックのスーパーが必ずあります。食品添加物はもちろん農薬、飼料、肥料まで気を使っていて、日本人以上に神経質で、自然や天然のものが好きなのです。こうした事情を把握していれば、日本の優れた自然食品や自然殺菌剤などの商品を出展することになり、市場とのミスマッチは少なくなると思います。

ジェトロには、適切なアドバイスができるヨーロッパの専門家を育て、何をどのように売ったらいいのか、何が売れるのかを理解していて、適切にアドバイスできる人材の育成を希望します。そうすれば、本当に売れそうな日本の商品をヨーロッパに紹介することができ、生きたお金を使うことにつながるはずです。

企業の支援に動かない日本の公的機関

もう一つ不満に思うことがあります。それはヨーロッパにある公的機関があまり動いてくれないということです。

ノルウェーのサーモンは今では世界中で食べられています。サーモンといえばノルウェー産といわれるほどブランドを確立しています。日本の寿司ネタで一番の人気はマグロではなく、サーモンだそうです。脂がのったノルウェー産のサーモンは、ほとんどの回転寿司で使われていて、外すことのできないネタになっているのです。

そのノルウェーサーモンは国が主導して、各国にあるノルウェー大使館が先兵となって売り込んだものです。大使館が主催するレセプションやパーティーでは、その国で食べられているなじみのある料理にサーモンを使い、客をもてなしたのです。生食をしない国ではサーモンのソテーやフライとして、日本のように生食をする国では刺身や寿司ネタとして客に出し、おいしさをアピールし続けたのです。そして、それが実を結び、今ではノルウェーを代表する輸出品に育て上げました。

また、中国は国を挙げて自国の文化をヨーロッパに売り込んでます。その最前線に立つのが中国大使館です。中国ウィークなるイベントを開催して、美術品、孔子思想の普及、中国語の普及などを図っていて、これに莫大なお金と人を投じています。フランスの目抜き通りと美術館とその周りに、ばかでかい中国ウィークを知らせるのぼり旗が、延々と続いている様は壮観でした。

こうした動きが実を結びつつあります。ベルギー、オランダでは、公立高校での選択外国語にドイツ語、フランス語に加え、中国語が徐々に増えてきています。オランダでは過去に、日本語を選択外国語にしようという話があったらしいのですが、結局は一度も選択外国語になったことはありません。

真偽のほどは分かりませんが、親中国派を増やすべく中国政府がヨーロッパで選択外国語に中国語を入れるよう動いているという話を聞いたことがあります。中国人の中国語教師が本当に増えています。私の知り合いでオランダ在住の中国人も、非常勤で中国語をオランダの公立高校で教えているといっていました。

日本ではこうした動きはまったくといっていいほど見られないのです。オタク、漫画関連、日本食品関連では大きなイベントを行っていますが、それはすべて民間の取り組みです。ですから、大きなイベントといっても、規模は民間のやれるレベルです。日本の公的機関は影も形も見えません。

国にしても、「日欧EPAの道筋は付けたから、後は民間で勝手にやってね」という姿勢ではなくて、本気で市場を開拓する企業のために何らかの施策をとってもらいたいものです。実際は、大使館やジェトロのような公的機関が動くことになるかもしれませんが、民間の経済活動をサポートするためにうまく動いてくれれば、日本の産品はもっともっと売れるはずです。民間のヨーロッパ進出をバックアップできる体制を築いてほしいというのが、ヨーロッパで経済活動をしている民間人の正直な感想です。

5　いいたいことをはっきりと言葉にする

「その出張ではいくら稼げるの?」

日本人の一般的な習性として、海外でも、日本国内でも英語でまくし立てられると、相手のいっている意味が分かる、分からないにかかわらず、反撃できないでドギマギしていることが多いと思います。日本では家庭はもちろん、学校でもディベート（論戦）の教育を受けていないので仕方ない面はありますが。

コペンハーゲンで勤務していたとき、北欧、東欧、イギリスにタイヤを販売していた同じ本部の後輩、M君が年に数回、事務所に出張で来ていました。M君はタイヤの専門家で、私と一緒にタイヤの販売行脚をしていました。

ある日、タイヤの売り込みの仕事は午後のアポだったので、M君には私のデスクの横で待ってもらっていました。

私自身はデンマーク人のスタッフ、ロブ君と打ち合せしていました。話していた内容は、フィンランドの製紙メーカーの新聞用紙をサウジアラビアの顧客に売る話でした。そして、出張に行くことになるので、上司の私に許可を求めてきました。

以前からその話は聞いていたので、そろそろ行って話をつけるタイミングだと思っていましたが、一言聞いてみました。

「サウジアラビアに行くのはいいけどいくら稼げるの？　旅費、宿泊代はいくらかかるの？　その分以上は稼げるんだろうね、ミスター・ロブ」

それまでは聞かずに済ませていた

ロブ君にした質問は、日本ではコスト管理の面から普通に聞くことです。営業担当スタッフなら、出張経費を差し引いて利益も出ないような出張は認められないので、最初から出張することもありません。

ところが、デンマークの事務所ではこうしたルールを現地スタッフに話してこなかったのです。このことのほうが異常でした。そのため、ロブ君はコスト管理の意識もなく、出張を申し出たのです。

私から「その出張でいくら稼げるの？」と聞かれて、本人もだんだん不安になってきたと見えて、「ミスター・ツカタニ、あなたは先週の出張でいくら稼いだのか？」と、逆に質問が飛んできました。

そんな質問は日本では考えられません。すると、傍らで話に聞き耳を立てていたM君がニヤニヤしながら、「ツカさん、上司が部下から仕事の能力を疑われるようじゃおしまいですね」と、なんとも鋭いツッコミが入りました。

たしかに、部下が上司に対して聞くことではありません。しかし、これまで出張におけるコスト管理に目をつむっていたことと、ロブ君は自分が採用した部下なので真っ正面から質問に答えました。私の出張における売上げ、粗利益、出張経費をすべて明らかにし、その結果どれだけ利益を出したのかをきちんと話しました。

そのうえで、「会社は利益を上げるために仕事をしているので、日本の本社では、はじめから利益が見込めない仕事のために出張を認めることはないんだよ」とつけ加えました。ロブ君は納得し、これ以降は出張時のコスト管理を心がけるようになりました。

いいたいことをいったら事務所に活気が出た

M君の一言は、国によって業務内容が違うわけではないことを、私に思い出させてくれました。ヨーロッパで仕事をしているうちに、日本では当たり前のように指摘していたことを、こちらではいわないようになっていたことに気づいたのです。

ヨーロッパに来て無用に卑屈になっている自分、相手に合わせ、その国の仕組みに合わせようとしている自分がいたのです。「郷に入れば郷に従う」ということは、おとなしく相手に合わせることではないはずです。ところが、無意識にそういう感覚になっていたのだと思います。

ヨーロッパはものごとをはっきりという文化を持っています。ですからそれ以来、おとなしくしてないで、「郷に従って」ヨーロッパ風にいいたいことをはっきりいうことにしました。相手が失敗したら、「お前のこのミスでいくら損した」と事実をいうことにしました。日本だったら「そこまではいわなくても」と思うようなことも、具体的に言葉にするようにしたのです。

すると、いつの間にか活発に論戦が展開されるようになりました。それは、失敗したときなどの「お前が悪い」と責任を追及するいい合いと、その失敗に対しての言い訳合戦です。前に書きましたが、ヨーロッパ人は言い訳することに長けています。しかし、言い訳するのは自分に非があるからです。その非を認めさせることで、責任の所在を明らかにするようにしました。

こうして、いいたいことをはっきりという姿勢を見せることで、それまでよりも事務所に活気をもたらすことができたのです。

6　相手の理不尽な要求はきっぱりとはね返す

相手はまとまりかけた話をひっくり返してくる

取引先とトラブルが起きたときに、日本では相手の話を聞いてから落としどころを考えて解決しようとします。ところが、こうした考えはヨーロッパではまったく通じませんでした。

イギリスの食肉輸入業者からアジア製のチキンナゲットについてクレームがありました。商品から危険な薬品が検出されたとか、指定の形状や味が違うというのではなく、パッケージの表示が二〇〇グラムで中身も二〇〇グラムでないといけないのに、一部のロットでパッケージの表示が一八〇グラムとなっていて中身も一八〇グラムの商品が混じっていたというのです。

クレームの対象になった商品は全体の約二〇パーセント程度で、一〇ロットの内の二ロットでした。数量にすると四トン程度です。この四トンに関しては、品質の問題ではないので他のお客さんに売ることが可能です。そこで値引きをすれば話し合いはすぐに決着がつくと思い、気楽な気持ちで相手のロンドン事務所を訪ねました。

話し合いのすえに値引きの話がまとまりかけたとき、なぜか一方的に「これに関する費用は一〇〇パーセントお前の会社で払え！」といってきたのです。そして、「これがアングロサクソン・ウェイだ！」とつけ加えたのです。

わざわざ相手の会社に出向いて来たのにこの仕打ちです。さすがにこの一言で頭にきて、売り言葉に買い言葉です。「ふざけるんじゃない。何がアングロサクソンだ。さっきの値引きの話はやめた。裁判でもなんでも好きにしろ。これがジャパニーズ・ウェイだ！」といってその部屋から出ました。

すると、相手は慌てて追いかけてきました。私が「オレが黄色だから差別してんだろ、そういうヤツとは仕事したくないから一切やめる」というと、「ほんとに悪かった、そういう意味じゃないんだよ。差別なんてとんでもない、考えたこともないよ。オレもピュアなイングリッシュじゃなく、ひい爺さんがたしかインド人なんだ。考え方の違いをいっただけだよ」と、言い訳を並べてきました。

このときは「ここは貸しを作っておいたほうがいい」と考えてホコを収めて部屋に戻り、値引きの話を決着させました。

譲歩を引き出すように話を持ってくる

タイヤのクレーム処理でももめたことがあります。長年にわたって取引していたノルウェーのタイヤ販売会社で、会社は首都オスロから飛行機で北に一時間ほど行ったトロンハイムという地方都市にありました。

販売したタイヤのクレーム処理でもめていました。この手の話は何かと時間とエネルギーを必要とするいやな仕事です。まず、クレームの内容と数量、商品、ロットナンバーなどを聞き出し、最後は現地におもむいてクレーム商品を確認し、話し合いを重ねて決着させます。

この件では社長を二回訪ね、倉庫に貯まったクレーム品を確認して、クレーム品の現状を調べ、どの程度の値引きができ、いつごろまでに片づけられるのかなど、話し合いを重ねていました。

その後は電話で総クレーム金額を詰めていました。するといきなり「すべての負担はお前が払うんだよ。お前らチャイニーズビジネスと違うんだ」というではありませんか。この一言でキレ、「おれはジャパニーズだ！」といって、電話をたたきつけるように切りました。すると五分もしないうちに、その本人から、「悪かった。そういう意味じゃないから勘違いするな」と電話がかかってきました。

この社長は当時五五歳でボケてはいません。しかも、一〇年以上にわたって取引があり、彼が買っているタイヤは日本製で、私が日本人であることは十分すぎるくらい分かっています。それなのに、こういうことをいってくるのです。

何度となくこのような経験をしているうちに、分かってきたことがありました。これは人種差別などの次元ではなく、金を取るか取られるかの真剣勝負で、お互いに究極の緊張状態なのです。

こうした中で、日本人である私はこれまでの商慣行から無意識に、このクレームの費用負担の落としどころを考えて、勝手に先回りして相手の会社の立場を考えて、なるべく穏便に済ませようとしていた自分に気がつきました。

ところが、相手にはそんな考えはみじんもありません。自分が先に譲歩すれば相手につけ込まれると思い、最後に強く出てさらなる譲歩を引き出せば損をしないで済むと考えてのことだったのです。

ヨーロッパのビジネスの世界では、こうした交渉ごとは日本と根本的に違うことを理解しないと、取引相手につけ込まれるだけです。相手の要求に唯々諾々と従っていては、商売をしても利益を上げることは難しくなります。相手のさらに上をいくタフ・ネゴシエーターになることが求められます。

7 ヨーロッパの契約社会の真実を理解する

「約束は守られる」は日本だけで通用すること

ヨーロッパでは、約束は努力目標なので、必ずしも守られなくてもいいのだということを、前に書きました。約束を文書にしたのが契約書ですから、契約書を交わしたからといって、そのとおりに履行されるとは限りません。ですから、約束通りにできなかった場合も想定して契約することになります。

日本の契約の概念は、「契約を守る」「約束は守られる」ことが大前提になっていますが、実はこれ、日本だけで通用する話なのです。

ヨーロッパでは約束（契約）は努力目標に過ぎないので、約束を守れないことがあるという前提でものごとを進めていきます。したがって、書面で交わす契約には、契約書通りに運ばなかった場合の項目が、必ず必要になります。これがヨーロッパにおける契約書の本質です。

世界で最も人気があるスポーツの一つ、サッカーでは、選手が移籍するときの高額の移籍金が話題になります。プロサッカーでは、選手と所属チームが契約を交わしてプレーをします。契約は単年の場合もあれば、三年とか五年という複数年の場合もあります。契約期間が満了すれば、選手は自由にチームを選んで移籍できますが、契約期間中に移籍するときは、「移籍金」が必要になります。この「移籍金」は活躍している選手ほど、そして契約期間が多く残っている選手ほど高くなります。

日本では「移籍金」とされていますが、実は「違約金」なのです。選手はチームと契約するときに、契約期間のほかにさまざまな項目について細かく契約内容を決めます。その一つが、契約途中でほかのチームに移籍するときの「違約金」についての取り決めです。

選手もチームも、三年契約を結んだからといって、その契約をまっとうするとは考えていません。

選手は選手で、活躍すれば契約期間であっても、より条件の良いチームに移籍したいと考えていますし、チームとしても契約期間満了前に選手をよそのチームに売却できれば高額の「移籍金（違約金）」が入ってきます。ですから、契約書にははじめから移籍させるときの「違約金」の額を決めておくことがあります。

プロサッカーはヨーロッパで始まったので、契約書にしてもヨーロッパの文化が色濃く反映されています。つまり、「約束は守れないことがある」という前提で、契約書には契約が守れなかった場合はどうするかという条項を記載し、そのときの対処方法を書いておくのです。

背景にあるのは「人間はミスをする」ということ

契約書を交わしたら、契約通りに履行しなければならないと思い込んでいる日本人からすると、なんだか釈然としない話ですが、ヨーロッパ人の契約の概念が日本人と大きく違っているのです。というよりも、ヨーロッパが世界のスタンダードで、日本のほうがローカルルールで契約しているということができます。

日本人は、頭では「契約」を理解しているつもりで、ヨーロッパは契約社会だといっています。しかし、本当の意味でスタンダードな契約社会を知っている日本人ビジネスマンは、非常に少ないといえます。

「約束は守られないことがある」という前提で契約書がつくられていることを知らないと、ヨーロッパ人との契約では誤解から失敗を繰り返すことになり、ビジネスで利益を上げることは不可能になるといっていいでしょう。

ヨーロッパ人には「人間はミスをするものだ」という考えが根底にあります。だから、約束は守られないことがあっても仕方がないと考えるのです。「死んでも約束を守れ」という日本人とは対極にある考えです。約束は必ずしも守られるものではないので、契約書をつくるときには、契約書通りにできなかった場合の対処の仕方を、両者で取り決めておくのです。ペナルティーに関する取り決めなので、「ペナルティー条項」と呼ばれています。ヨーロッパの契約書にはこのペナルティー条項が必ず記載されています。これがヨーロッパの契約社会というものです。

ここが分かっていない日本の経営者は、契約書の中身を見たときに「仕様書通りの生産ができなかったときはペナルティーとして総額の○○パーセントを差し引く」などの記載があると、「こんな契約は結べない」と怒りをあらわにするのです。

世界最高峰の品質の製品を作っている日本の企業の大半は、普通に販売して据え付ければ、ペナルティーを払うような事態にはまずなりません。

ところが、契約書の文章を見ただけで拒否反応を示す経営者が少なくないのです。ヨーロッパの契約書のあり方を知り、それを受け入れれば、日本製品はヨーロッパ中を席巻することも可能なのです。いつも、そこにもどかしさを感じています。

8 日本とヨーロッパの契約書には大きな違いがある

契約が履行できないときはペナルティー金で解決

ヨーロッパで機械の受注に成功して納品する場合、支払いは①前払金（または着手金）、②出荷時支払金（出荷時）、③試運転後の後払金と、三回に分けて行われるのが一般的です。たとえば、前払金二〇パーセント、出荷時支払金七〇パーセント、納入試運転後一〇パーセントという具合です。

最後の支払いとなる後払金をリテンション金といいますが、これが契約書におけるペナルティー条項と密接に関わってきます。

[契約時]	
前払金	20%
[出荷時（船積時）]	
出荷時支払金	70%
[試運転後]	
後払金（リテンション金）	10%
→契約書のペナルティー条項と関連する	
契約書の内容と異なった場合は、リテンション金の範囲でペナルティー金を支払う	

ヨーロッパ企業の機械設備導入時の支払条件
＊ここで取り上げた比率はもっとも一般的なケースで個々の取引では違うこともある

「納品が遅れて予定の日時に機械が届かない」「機械の性能が契約書に記載された性能を満たさない」など、契約書の内容と食い違うあらゆることについては、ペナルティー金が科されます。ヨーロッパの契約書ではつねに、ペナルティー金はすべてリテンション金から差し引いて処理するという条項が入っています。

こうした契約書は、日本人的な発想ではペナルティーが発生すること、約束違いが発生することが前提の契約に見えます。実際その通りです。ですから、日本人には潔くないように思えます。そこで、日本の機械メーカーなどは、契約書をめぐってまず買い手ともめます。なぜもめるのでしょうか。

一言でいえば、日本とそれ以外の国々との契約書に関する考え方の違いです。

契約の考え方の違いを受け入れられない日本企業

日本の競争相手であるヨーロッパや中国、アジア諸国の人たちは、仕様書、契約書はメーカーの努力目標でしかないと思っています。ですから、取引は契約書通りに行われないこともあるので、そのときの対処の仕方を契約書で決めておくのは、しごく当然と考えています。

一方、日本人はいったん契約書を交わしたら、それに違わず取引を終えるのが当然と考えています。したがって、ペナルティーが発生することはないというわけです。そのため、契約書に「リテンション金をペナルティーに充てることがある」と記載するとなると、「最後に値引きしろということか」と不信感を持つのです。

契約（約束）に関する考え方の違いが、商売に悪影響を与えているのです。

日本以外の人たちは、契約書通りにできればリテンション金（後払金）を満額もらえるし、できなくてもリテンション金からペナルティー金額分を差し引かれてもいいと、割り切って契約をしています。それは、ほとんどの契約書のペナルティー条項はペナルティー金額の総計がリテンション金を超えない契約になっているからです。

つまり、品質問題が起こってペナルティーを受けたとしても、最大一〇パーセントの金額が受け取れないというだけです。

したがって、製品の価格を工事完成までに受け取る前払金と出荷時支払金で利益が出る価格に設定しておけば、ペナルティーを受けようが何の問題もないというわけです。むしろ、契約書通りに完成すれば、リテンション金は丸ごと受け取れるので、利幅がさらに大きくなるというように考えています。

日本の企業はこの考えができないのです。

ヨーロッパの契約書にはもめごとを防ぐ知恵がある

ヨーロッパにおける契約社会の概念が、日本とまったく異なることから、日本人の感覚そのものをヨーロッパに持ち込むと、ビジネスチャンスを失う結果になります。

たとえば、取引先から要望や仕様変更があったときに、できるかもしれないけれど確実ではないとなると、ほとんどの日本メーカーは「できません」と答えます。この姿勢は、日本でこそ律儀で真面目だと評価され、褒められることもあります。しかし、ヨーロッパのビジネス現場でこの律儀さ、真面目さを出すと、まず成約できません。商売は確実に競争相手に持って行かれます。

海外の競争相手のメーカーは、できるかどうか分からなくても、取引先の要望や使用変更については「できる」または「やれるだけのことはやる」として交渉し、そして契約書をつくってきます。もしも、その契約書通りにできなかったとしても、「リテンション金が受け取れないだけだ」という考えで、要望や仕様変更を受け入れます。

買い手にしても、できなかったら、人間がつくる機械なのだからしようがないという考えで、契約上のペナルティー金をリテンション金から差し引いて完了です。契約は守られないこともあり得るという姿勢が、双方の共通理解としてあるのです。

ヨーロッパは契約社会だから、厳しいのだろうなと想像している日本人が大多数だと思いますが、実際は違います。日本のほうが厳しい気がします。日本では契約は、一方通行で逆がなく、しかも守られることが大前提だからです。

ヨーロッパで商売をするにあたっては、契約書に記載する内容には、できなかった場合のことを必ず想定して作成することが大事です。できることだけを記載した契約書を作成すると、できなかったときに大変なもめごとが起こります。最悪の場合は裁判沙汰になります。あらかじめできなかった場合を想定して契約書を作成するのは、もめごとを事前に防ぐ知恵ともいえるのです。

ヨーロッパで商売を始めようとするのであれば、商売の肝になる契約書とはどのようなものなのかをあらかじめ理解しておくことが必要です。

9　契約書へのこだわりを捨てるとビジネス機会が広がる

契約書のペナルティー条項拒む日本企業

ヨーロッパで日本メーカーの製品をある企業に売り込んでいるときのことです。ヨーロッパの客に購入してもらう製品と価格がほぼ決まり、契約書を交わすことになりました。日本メーカーが作成した日本語の契約書を訳して、ヨーロッパのお客さんに渡し、サインして送り返してくれるよう伝えました。

返事が遅かったのでどうしたのかと思っていたら、二週間後にお客さんから電話がありました。契約書の中身を検証して文句をいってきたのです。「壊れていたらどうするのだ」とか、「その機械を使ってつくる生産品が契約書に記載されている数量を製造できなかったらどうするのだ」と。

つまり、日本のメーカーが作った契約書には「できなかったときのこと」が書かれていなかったので、クレームをつけてきたのです。あげくは「ネットで見た中国製の似たような製品の値段と差がありすぎる」とまでいってきました。

ヨーロッパでは必ず契約書に盛り込む、いわゆる「ペナルティー条項」が書いていないことを問題視したのです。そして、契約書に書いてある仕様書を信用できないといい始めたのです。

このことを日本メーカーの社長に伝えると、「くだらねえいちゃもんをつけやがって、値引きの話か。そこまで信用できないならそれでいいよ。当社の機械をバカにされてまでその会社には売りたくない。買ってもらわなくて結構」と怒りまくります。

日本メーカーの社長は日本国内で実直にコツコツと長年にわたり、改善、改良を加えて壊れにくく、そしてメンテナンスがしやすい製品づくりを心がけてきたのでしょう。そうして競争を勝ち抜いてきたのは容易に想像できます。それだけに、契約書にペナルティー条項を入れることを、頑なに拒んでいたのです。

ヨーロッパと日本の常識の違いがトラブル招く

ヨーロッパでは「できなかった場合のこと」を契約書に書くことは「常識」です。一方、日本では契約書に書いてある「仕様書通りの製品を納入する」ことは「常識」です。日本人の常識とヨーロッパの常識という文化の違いによってもめていたのです。

こう書くと簡単なように聞こえますが、実は最悪なことに、日本人もヨーロッパ人も、お互いに同じ常識を共有していると思い込んでいます。両者の間には違う常識があることを知っていれば、お互いに相手の常識を理解しようとするはずです。しかし、同じ常識で動いていると思い込んでいるために、お互いを理解できずに、何か裏があるという妄想が膨らんできます。

買い手の社長はヨーロッパの常識に従って、できなかった場合のことを契約書に盛り込みたいし、日本メーカーの社長は日本の常識に従って、契約書に記載していることはすべてクリアできるからペナルティー条項を盛り込みたくないのです。お互いに自分の主張を通そうとしているのです。二人ともヨーロッパと日本の常識に違いがあることを、頭から疑っていません。

このままでは取引そのものが破談になってしまいます。それは双方にとって不幸です。結局は私が間に入って買い手を説得しました。その結果、ヨーロッパ人の常識からかけ離れたペナルティー条項なしの契約で押し切ることに成功しました。しかし、それには大変な時間とエネルギーが必要でした。これはほんとうに珍しい成功例です。

たいていは、日本人の常識が海外で通用しないことを理解しないためにビジネスチャンスを失い、海外メーカーに仕事を奪われているのです。

契約書を逆手にとって販売するメーカーもある

日本人は「悪い商品は売れない」「悪い商品は駆逐されて市場にない」「悪い商品を作って売る会社はありえない」と思い込んでいます。しかし、それは日本の中だけで通用する話なのです。

はっきりいって、ヨーロッパでは悪い商品も売れます。それも、うまくやればたくさん売れるのです。たとえば、「一時間に○○個生産できます」「故障が少なく長持ちします」などといいながら、実際はその性能を満たしていなくても、安ければ売れます。

こういう製品を販売するメーカーは、売った後でその性能が契約を満たしていなくても、リテンション金を払えばよいと考えています。

ですから、価格設定を前払金と出荷前支払金を受け取れば利益が出るようにしておくのです。顧客から「契約書と違う」と苦情が出たら、契約書にもとづいてリテンション金の中からペナルティー金を払うだけなのです。

契約書を逆手に取ったやり方ですが、ヨーロッパではこんな会社が少なくありません。鶏が先か卵が先かになりますが、だから契約書でスペック通りの性能が出なかった場合のことを決めておく必要があるのです。

日本のメーカーは製品に自信と誇りを持っているなら、こうしたことを理解したうえで、ペナルティー条項を取り入れたヨーロッパスタイルの契約書を交わし、一台でも多く売ればいいのです。それがヨーロッパで自社製品の販売を増やす方策なのです。

10 試運転で稼働率一二〇パーセントを達成した日本製機械

ヨーロッパには安い競合製品があふれている

最近、長年つきあいのあるオランダの食品会社社長から、新規食品製造ライン設置の相談を受けました。そこで、生産ラインの中核となる機械だけは日本製を買えとアドバイスしました。ところが、当の社長は「えっ、日本のメーカーなの？　中国製で安いのがあるんだけど……」となかなか首を縦に振りません。

私はこれまで、アジア諸国で中国製の同じような機械のトラブルをこれでもかというほど見てきたので、「高いけど、このラインで一番重要な部分だから、この機械だけは絶対に日本製にしろ。そうしないと、オレはもうアドバイスはしない」と半分脅すようにして、ようやく決めさせました。

彼が渋ったのも分かります。日本の機械メーカーの英文カタログはとても稚拙なものでした。それに契約書の中身にはヨーロッパで一般的な、契約書通りにできなかったときの「ペナルティー条項」がないので、疑心暗鬼になっていたのです。そのため、「オレは会社の顧問弁護士からは、こんな契約書にサインしてはダメだっていわれているんだけど、ヤスオ、ホントにこんな契約書にサインしていいのか。ダイジョーブなんだろうな？」と、最後まで抵抗していました。

そこで「いいからオレを信用しろ。絶対にダイジョーブだから安心して、何も考えずにすぐサインして日本のメーカーに送り返せ」と強く念を押しました。

彼は渋々ながら、結局は私の意見を取り入れて、その場で契約書にサインして、高い日本製の機械を買いました。

売り方が分かれば日本のメーカーは百戦百勝

それから九カ月後にすべての機械がそろい、原料投入から梱包までの一連のラインがセットアップされ、試運転となりました。

すると、日本製の機械は試運転時に稼働率一二〇パーセントを達成し、立ち会っていた日本人技師は一日で仕事が終わりました。この後、彼はオランダの観光を楽しんで、日本に帰国したのです。

ところが、生産ライン上のドイツ製、デンマーク製の機械は試運転時で稼働率は五〇パーセントにしかなりません。それぞれの機械メーカーの技師は数人がかりで必死に調整しましたが、二週間かけて稼働率はやっと八〇パーセントになっただけでした。

調整の作業を見ていたら、機械の細いパイプを太いパイプに変えたりしていましたが、その作業をするのに本社に注文して取り寄せるものだから、注文してから届くまでに五日もかかる始末です。それから溶接し直したりするものですから、私と発注主の社長は二人して「なんでこんな作業をここでやっているの。工場からの出荷前にやれよ」と、あきれて見ていました。

この手の修正作業は、実はこれが初めてではなく、機械が納入されるたびに行われ、大工事になって一、二カ月かかるということも経験しています。

結局、最後まで予定稼働率に達することはなく、ドイツとデンマークの機械メーカーは契約書通りにペナルティー金を払うことになりました。日本製以外のヨーロッパ製、中国製、アジア製なんて、この程度の商品ばかりなのです。

当然、日本製の機械を買った社長はビックリで、日本製に大満足しています。でも、日本製の凄さ、素晴らしさは一握りの経験者しか分からないこともあって、高くて契約書の中身もヨーロッパスタンダードではない日本製は売れないのです。

機械に詳しい友人は、「日本メーカーは、たまたまうまくいかなかった最低の稼働率を公表し、ヨーロッパやアジアのメーカーはたまたまうまくいった最高の稼働率を公表しているだけなんだよ」と、いっていましたが、私もまさにその通りだと実感しています。

要するに、ヨーロッパで地元のメーカーや中国メーカーの機械が売れているのは、技術ではなくて、価格が安いことと売り込み方法が、日本のメーカーより一枚も二枚も上手なだけなのです。

残念ですが、日本のメーカーは売り方が分かっていないのです。それは、やはり日本人特有の考え方、行動様式、真面目さ、奥ゆかしさ、嘘を嫌う、謙虚という日本人の美徳が裏目に出ているのです。

日本製品の品質は世界トップクラスなのですから、売り方が分かればヨーロッパで成功を収めることができます。それには、ヨーロッパ市場のやり方を理解して虚心に受け入れたうえで、自社の商品がいかに素晴らしいかを、あらゆる媒体を使って大げさなくらいに宣伝していくこと、これが求められているのです。

第 6 章
ヨーロッパビジネスで成功する八つのポイント

ヨーロッパの街中でごく普通に見られるラーメン店。人気の店は行列ができる（ドイツ）

1　展示会は出展するより見に行くもの

展示会はお金がかかる割に効果が薄い

海外でものを売ろうとすると、まずは展示会などへの出展を考える会社が多いのではないでしょうか。しかし、私のこれまでの経験からすると、展示会への出展はお金ばかりかかって、効果が薄いと考えています。

長年にわたってヨーロッパでの各種の展示会を見て回りましたが、出展費用は最低でも数百万円かかります。準備期間から出展のための人員まで含めると、数千万円かけている日本企業はざらです。それを数年続けている日本企業もありますが、その後のビジネスにうまくつなげられている企業はごくごくわずかです。

ヨーロッパのマーケット事情を、日本やアジア地区と同じように考えて、日本人的な感覚で出展しても意味がありません。高いお金をかけて展示会に出展しても、まともにマーケット事情すら分からずに終わってしまいます。それを数年続けても、何も成果を得られずに、結局ヨーロッパ進出を中止した日本企業をたくさん見てきました。

展示会に出展するよりも、まずあなたの会社が売ろうとしている製品に適した海外の展示会を見に行くことから始めましょう。ただし、見に行くのは社長か担当の役員など、少なくとも決定権のある幹部に限ります。

海外、とくにヨーロッパにおいてはアジア諸国の追い上げが急で、もたもたしている時代ではなくなりました。ですから、トップ自身が目で見て、即断即決していかないと海外の競争相手に後れを取ります。そして、いったん後れを取ると、後から逆転するのは難しい時代に入っています。

競争相手のパンフや会社案内などの情報を集める

展示会を見に行くにあたっては、成功している競争相手のパンフレット、会社案内、名刺、ホームページ、ブースの写真などの情報を集めます。

視察のポイントは、あなたの会社が売りたい商品にはどのような競争相手がいるか、商品の値段、性能、アフターサービスはどうなっているか、そしてどのように売っているのかを、まずは調べつくします。

競争相手がいない場合は、その商品に市場性があるのかという観点から視察します。

ここまでが、初めて展示会を見に行ったときにすべきことです。

一回目の視察を踏まえて、次は自社製品を売り込みたい国で開催される次回の展示会に向けて準備をします。

まず、英文で会社案内、商品パンフレット、名刺、英文ホームページなどを作ります。このときには、写真や色、そして字体まで、すべてヨーロッパの同業者の真似をして作っておきましょう。

パンフレットやホームページで使う英語は、カタコトの中学校レベルで問題ありません。必要なのは、壊れないあなたの商品の紹介を、ヨーロッパ人に分かるようにちゃんと説明してあるかどうかです。

図解が分かりやすいと思うのは素人です。日本人の描くイラストは、実は、日本人だけにしか通用しないことが多く、ヨーロッパ人には理解不能なのです。イラストの描き方の違い、感覚の違いは日本人の想像を超えていますので、イラストは使わずになるべく写真を多用するようにします。

パンフレットやホームページなどには、これまでにも説明してきたポイント「簡単に壊れない」「○○年使用している例がある」「高い生産性が維持できる」など、ヨーロッパ人が知りたがる「結論」を前面に出したつくりにします。

色にも気をつけます。カタログとホームページでは色の使い方が違います。赤色一つとっても、欧米人が好む赤と、日本人の好む中間色系の赤は色味が違います。強いていうなら、日本人が好む赤色は欧米人にとっては好ましくない赤色なのです。ですから、お金をかけて英文のカタログとホームページを作成しても、色づかいを間違えると訴える力が弱まります。

日本人と欧米人の違いを理解して、カタログやホームページをつくるようにします。その第一歩として、まずはヨーロッパの会社の会社案内などを真似ることから始めるというわけです。

展示会は現地のパートナーを探す絶好の機会

私が経営していたオランダの会社は食品販売のほかに、欧州における広告物、商品のパッケージなども請け負っていました。顧客はフランス、イギリス、ドイツ、ポーランドの会社で、それぞれの国に合ったオリジナルのパッケージデザインを作成していました。

ですから、オランダ人の社内デザイナーが四苦八苦していました。オランダと各国の顧客が好む色の感覚、書体、文字のサイズなどには違いがあります。このあたりは、オランダ人デザイナーはだいたいその違いを把握していて、「フランス人の好きそうなデザインだよね」「こりゃイギリス的だね」とかいいながら、創り上げていきます。

オランダ人同士の会話になると「こりゃイギリス感丸出しのデザインと色だね」と、遠慮のない言葉が出てきますが、日本人の私の目にはそこまでの違いが分かりません。彼らに同意を求められても、会話に入っていけません。国別による微妙な違いは、デンマークとオランダに三〇年近く住んでいた私でもまったく分かりませんでした。

ヨーロッパで使うカタログをつくるなら、楽だからと日本でつくるのではなく、日本人の感覚は一切忘れて、ヨーロッパでヨーロッパ人につくらせることです。そして、ヨーロッパで通じる製品カタログ、ホームページにすべきです。そうすれば、ちゃんと見てもらえるでしょう。

ここまでやってから再び展示会を見に行くわけですが、その前にもう一つやることがあります。それは、ターゲットとする売り込み先をあらかじめ数社ほど探し出し、それぞれに市場調査を依頼することを勧めます。その調査にあたっては、売りたい商品のサンプルを提供して、市場性を調査してもらいます。

ここまでできたら、自社製品の販売に適した展示会を見に行きます。カタログを持って自社の商品を販売してくれそうなメーカー、販売会社のブースを訪問して話をし、さらに情報を集めて販売、メンテナンスをしてくれるパートナー、あるいは現地代理店を探します。これが一番確実で、しかも安上がりな海外販売のルートを作る手順なのです。

2　売込みは現地の日本オタクに任せる

現地の日本人をスカウトすると失敗する

ヨーロッパで営業活動をするにあたって、現地の言葉ができない場合、まず現地在住の日本人に通訳を依頼するのが普通です。そのときに、勘違いが起きます。通訳してもらっているうちに、言葉の問題がないので現地の事情に精通していると思い込み、代理人になってもらうとか、現地事務所を開設したときに代表として働いてもらおうかと考えるようになります。

この考えはまったくの勘違いです。やめておいたほうがいいでしょう。いくら現地の言葉が上手でも、現地の事情に本当に精通している日本人はほとんどいません。それだけではありません。その人に食うか食われるかの海外ビジネスができるかというと、残念ながらできない人がほとんどだということです。

それはビジネスをするために海外で現地語を学んだわけでなく、その国が好き、文化が好き、環境が好きだという理由で現地語を学び、その国で暮らしているのです。そういう現地化した日本人を雇って責任を与え、現地事務所を開設したものの、失敗した例はたくさんあります。

日系企業が、現地採用の日本人に訴えられて裁判沙汰になっている会社を数多く見てきました。内容は、セクハラ、パワハラとかで、日本国内では話し合いで解決できる範囲のものです。ところが、海外では法律で労働者が手厚く守られていることと、弁護士を立てて裁判で決着をつけるのが一般的であることから、表沙汰になりやすいのです。

ビジネスで成功して利益を上げていきたいと考えているのなら、日本の自社の人材、もしくは海外でその国に生まれた人間を探すことです。同業他社の人材を引き抜くのも選択肢の一つです。

海外に現地事務所をつくり、幹部に外国人を雇うなら、その国で生まれ育った人を採用することです。ドイツで仕事を始めるならドイツ生まれのドイツ人、イギリスで仕事するならイギリス生まれのイギリス人、オランダならオランダ生まれのオランダ人というように、その国で生まれた人以外は雇わないことです。

その国生まれの人と、その国で外国人として生活している人とでは、その国の文化（常識）の理解や情報の量が桁違いです。しかも国籍、人種による差別はヨーロッパでも確実に存在していて、その国における外国人を幹部に雇うと、のちにその国生まれの従業員と感情面や給料等の金銭面で問題が起きるリスクが増してきます。

幹部を採用するときは、その国の人間か、ビジネスを知っている日本人以外は考えないことです。

日本に憧れるヨーロッパ人はたくさんいる

外国人を採用するとき心がけておきたいのは、日本のことを少しでも知っている人を選ぶようにすることです。その人が「日本オタク」であればいうことはありません。

日本人でヨーロッパに憧れている人がたくさんいるように、日本に憧れているヨーロッパ人もたくさんいます。最近とみに感じるのは、日本文化や日本人に憧れをもつヨーロッパ人が増えてきているということです。

こんなことがありました。

会社と銀行をネットワークでつないでインターネットバンキングを開始しようとして、サービスセンターに依頼したときのことです。センターのスタッフとしてマイク君が事務所に来て、すべての作業を終えてくれました。その後、英語による丁寧な説明を受け、入力方法やプリントアウトの仕方、支払方法の手順も教えてもらいました。

すべての作業が終わった後で雑談をしていると、マイク君は私が日本人と知って「ボク

ヨーロッパの盆栽店で盆栽を選んでいる愛好家（オランダ）

は無類の日本マニアなんですよ」といい出しました。聞いてみると、盆栽や鯉、日本庭園といった渋めのものに興味を持っていました。私も昔から植物が好きで、植木や盆栽、日本庭園、日本伝統工芸にはまっています。縁がつながって、マイク君の家に遊びにいくことになったのです。

家に入ってビックリしました。畳の部屋もあれば床の間もあるし、庭には石灯籠があり、棚には盆栽がビッシリ並んでいたのです。日本でもここまでやる人はめったにいません。オランダの冬は寒いのですが、マイク君は畳の上でアグラをかいて座っています。ホントかウソか知りませんが、畳の主は「畳の保温力は絨毯の三倍ある」と意に介しません。実際に畳に座ってみて「ありえない」と思いましたが、本人はいたってまじめにそう思い込んでいるのです。

まさに「オランダの日本オタクここに極まれり」です。

日本の意外な文化もヨーロッパでは人気がある

日本マニアは意外にも多いのです。

あるとき、ベッドとマットレスを買いに近所の店に出かけたら、その店の主人は私が日本人と知ると、「私は鯉のマニアで、日本まで鯉を買い付けに行っている」と、うれしそうに話し出しました。そして、日本の金魚、鯉の産地の違いの話を延々と語り出しましたが、私にはさっぱり分かりませんでした。後日、彼の家まで飼っている鯉を見に行くことになったのは、自然の流れでした。

また、デンマークで日本から来たお客さんを、チボリ公園に連れていったときのことです。公園で盆栽の展示会をやっていました。私も盆栽が好きなので見入っていたら、「お前は日本人か」と声をかけられました。声をかけてくれた人はデンマーク盆栽協会の会長で、話の流れから彼の家に盆栽を見に行く約束をしました。

ちなみに、デンマーク盆栽協会の会員数は八〇〇人程度ですが、ＥＵ全体で各国の盆栽協会の会員数は五万人いるといわれています。本家である日本の盆栽協会員数は約六〇〇〇人ですから、EU全体の盆栽協会員の方が日本の八倍強となっているのです。

私は和太鼓も好きで、コンサートがヨーロッパで行われると聞きに行くのですが、和太鼓のヨーロッパ・ツアーはどこの都市でも大人気で、席がなかなか取れないほどです。コンサートでは、演奏が一曲終わるたびごとに、観客席からはヤンヤヤンヤの大歓声が上がります。

この手の話は枚挙にいとまがありません。ヨーロッパには、本当に日本（文化）のファン、オタクが多いのです。

最近は若い欧米人がコスプレにはまっています。日本の漫画やアニメを通じて始まったコスプレは、漫画やアニメ、ゲームのキャラクターの格好をしてその人物になりきります。このコスプレにはまっているヨーロッパの女性に何回も遭遇しています。コスプレは日本人が考えている以上にヨーロッパで定着しているのです。

そして、コスプレだけに飽き足りず、日本文化にまで興味を持ち、日本人以上に日本の文化を探求し始めたり、日本語を勉強してしゃべれるようになる人もいます。いわば日本信奉者ですが、こうした若者もマイノリティではなくなりつつあります。

日本オタクは日本とヨーロッパの両方に詳しい

日本（文化）にどっぷりとはまり込んでいる人たちの中には、日本の鉄道や自動車にやたらと詳しい人もいますし、今や日本人でも忘れかけている「金継」などの技術を習得している人もいます。日本の映画やアニメ、音楽、日本食などが大好きな人はヨーロッパの小さな田舎町にもいます。

現地の言葉ができるからという理由だけで日本人を雇うよりも、こうした日本オタクの現地人を採用するほうが戦力になります。何よりも、日本オタクは現地の文化や事情を知っているうえに、その分野の日本のことについては詳しく、なおかつ日本の文化についてもある程度は理解できているという強みがあります。

新幹線、飛行機、機械類などのハードから、漫画やアニメ、ゲームといったソフトコンテンツなどのソフトパワー、食品まで、幅広い分野でオタクの人材は豊富です。彼らは新規営業や製造などを担うことができます。オタクは自分の好きな分野で働くことができるとなれば、残業もいやがらないでしょう。

それに、前述しましたが、ヨーロッパ人のパワーは尋常じゃなく強力です。だいたい日本人と基礎体力が違います。テレビで見たのですが、イギリスの日本鉄道マニアたちの飛び抜けて豊富な知識と、その心酔するエネルギーには感心させられました。もしも、鉄道やその施設などを売り込もうとしたら、何も考えずにただ彼らに任せれば良い結果を生むのではないかと思わされました。何しろ言葉は完璧、体力は十分、知識も完璧、語学ができるだけの日本人より数倍の力を発揮すると思います。

なにを隠そう私のオランダの同僚は日本食オタクで、最近は納豆を自分で作り始めました。「納豆は血液がサラサラになる」「健康に良いんだ」と私に解説し、日本食の販売では「オタク」のパワーを存分に発揮しています。恐るべしです。これを利用しない手はありません。

日本オタクは、各国で行われる「日本フェア」などに必ず現れますから、そこでスカウトすることができます。また、日本人が集まる場所、たとえば日本の本屋などにも現れます。そういうところで遠慮なく声をかけ、話してみて自社の販売に向くと思ったら、スカウトすると良いでしょう。

3　初めて進出するなら業務委託から始める

事務所を開設すると年間三〇〇〇万円はかかる

ヨーロッパに進出するにあたって、事務所を開設し、日本人の駐在員を置くとなると、大変な費用と時間がかかります。

最近は、ヨーロッパも移民問題があるため、日本人でも簡単にビザが出なかったり、ビザの発給に時間がかかるケースが出てきています。

事務所経費、駐在員の住宅費、交通費、給料、ヨーロッパ内の出張旅費などがかかるため、ヨーロッパの大都市に事務所を開設すると、おそらく駐在員を一人出すだけで、年間三〇〇〇万円から五〇〇〇万円はかかると思います。

ヨーロッパは所得税が高いことと、消費税はほとんどの国で二〇パーセント以上であることを考えると、給料は日本の二、三倍くらい出さないと、駐在員の生活は厳しいと思われます。

これまでの商売ですでに利益が出ているのならかまいませんが、これから商売をつくるとなると、事務所開設に見合う利益を新たに稼ぐのは、そう簡単ではないといっていいでしょう。そうなると、まずは駐在を考える必要はまったくありません、出張ベースで始めることです。

より確実でコストが低いのは「業務委託」です。この場合、現地法人をつくらなくても、現地の会社と提携して、そこに市場調査、販売に関する業務委託をすることができます。また、現地法人をつくり、現地法人を通じて提携先と市場調査、販売に関する業務委託契約をすることもできます。現地法人は、進出先の国の会計士に依頼すればつくることができます。

業務委託では必ず「期間」を決める

業務委託は、自社が直接販売するのではなく、売りたいものを第三者に売ってもらうか、顧客を見つける業務を委託することです。必要であれば、ホームページの作成、パンフレットの作成、サンプルの送付といった作業もすべて委託できます。

業務委託をするときは契約書を作成します。契約書には作業内容と業務委託の期間を必ず明記します。期間については一、二年とするのが安全で効果的です。国によっては中小企業を守る法律があって、業務委託の期間を明記しないと、商売がなくても契約を打ち切ることができなくなり、場合によっては裁判となる可能性があります。最初の期間は短めにして、その後は一年ごとの更新にすると、業務委託先を変更したり、自社で現地事務所をつくることになったとき、トラブルにならずに済みます。

私も初めは北欧の中小企業保護法の存在を知らなかったため、業務委託先を販売力のある会社に変えたところ、それまでの販売委託先とトラブルになり、解決までに大変な思いをした苦い経験があります。

ノルウェーで日本製のタイヤの販売をしていたときのことです。長年にわたって取引してきた会社二社とは販売地域、契約期間とか明記した販売委託契約書を交わすことなく、ノルウェーの南部地域、北部地域と分けて二社体制で取引を続けていました。

フィヨルドで有名なノルウェーは、深いフィヨルドによって地域が分断されていて、国が二、三地域に大きく割れています、道路、港、物流が地域によって分断されているため、同じ国内でもマーケットに地域性が存在しています。中国製、韓国製のタイヤに押され、売上げが落ちてきたので、二社販売体制からノルウェー全土をカバーする大手の販売会社を見つけて売り込みを図り、販売会社を三社体制にして売上げを伸ばそうとして動いていました。その最中に、既存の二社から連名で「第三者の販売代理店の新規参入を認めない」と警告のレターが来ました。

既存の二社とは契約書がないので、何のことかまったく分かりませんでした。顧問弁護士に聞いたところ、北欧では中小企業を守る法律があり、契約書が存在しなくても代理店の権利が認められるというのです。そのため、長期にわたって商売が流れている現実がある限り、その法律に抵触する可能性があり、裁判に訴えられると負けるかもしれないというのです。

寝耳に水でした。仕方なくすべてをオープンにして、既存二社と新規一社の三社でカンカンガクガクの、まさに切った張ったの話し合いが始まりました。弁護士とも打ち合せしながら、どうにか裁判に持ち込まれないように、半年以上かけて三社の妥協点を探りました。

結局、私の会社と既存の二社、新規の大手販売会社の四社でノルウェーの地図を広げながら、細かく三社の販売地域を線引きして確定させたのです。それぞれの不平不満を聞き入れながら着地させるという、とても面倒な作業でした。

ヨーロッパでは契約が無い状態で実際に販売が始まると、その販売者または企業に既得権利が発生することがあるので、委託相手とは必ず期間と担当する地域等を決めた基本的な契約を結ぶようにします。

個人との契約では法律違反にならないようにする

販売業務委託でとくに注意すべきことは個人と契約をするケースです。個人と契約すると雇用とみなされることがあります。個人と業務委託契約を結び、一年で契約を更新すると決めておいても、国によっては一定期間以上にわたって継続すると、法律上は自動的に永久雇用となってしまいます。一定期間というのはだいたい二、三年です。

したがって、最初は二年契約で、それ以降は一年ごとに更新すると契約書で取り決めていたとしても、この状態がおおよそ四年以上続くと、会社は「永久雇用」したとみなされるのです。たとえ当事者同士が合意をしていたとしてもそれは認められません。もしも、裁判で争うことになると負けます。

ただ、裁判で争うことになっても、それほど恐れることはありません。裁判で負けても金銭などの条件で解決できます。

ヨーロッパは日本と違い、弱い立場の雇用者は法律で強く守られています。なお、法律はその国の主権が及ぶところが対象になりますから、たとえば、ドイツで契約したらドイツ人だけが対象になるのではなく、契約した相手がイタリア人でもフランス人でも、もちろん日本人でも対象になります。実際に現地採用の日本人従業員に訴えられている日本企業はたくさんあります。

4　決断のスピード上げれば商機は広がる

製品のアピール力が決定的に劣っている

日本のメーカーは、機械などの製品をヨーロッパに売り込もうとするとき、機械の特徴をこと細かにあげてアピールします。「製品の仕上がり精度がプラスマイナス一〇マイクロ未満」「ランニングコストが従来より三〇パーセント減少」「一時間あたりの生産性が従来機種の二倍」「細かい設定変更が可能で、貴社に合った仕様に自在に変更できる」など、競合メーカーに比べていかに高性能で、いかに優れているかということを、とくとくと説明します。

購入しようというヨーロッパの会社の担当者は、こうした説明に一応耳を傾けて「すごいね」などと相づちを打ちながら聞いてくれます。しかし、彼らが本当に知りたいのはそんなことではありません。何度も繰り返しますが、機械が本当に壊れないで長持ちし、スペック通りの生産数量ができるか、一にも二にもこの点を知りたいのです。

ヨーロッパでメーカーの工場を見せてもらう機会が何回かありました。そのほとんどの工場にはヨーロッパ、中国、東南アジア製の機械がありました。そうした工場の社長や工場長の悩みは、これらの機械がすぐに故障することと、それにスペック通りの生産数量を生産できないことでした。

　ヨーロッパの会社も日本と同じで、潤沢な資金があるわけではありません。工場のスペースも限りがあります。そんな状況で新しく機械を入れるのですから、すぐに壊れるようなことはないのかということと、その機械は工場の既存スペースに設置できるくらいの寸法でおさまるのかが最大の関心事なのです。

　したがって、販売する側は「スペック通りの生産数量が生産できる」「壊れにくくさびない」「年に一回のメンテナンスで三〇年稼働している例がある」「機械はコンパクトで狭いスペースにも設置できる」など、堅牢性、信頼性、機械の寸法をアピールすればいいのです。そうすれば確実に販売に結びつけることができます。

　ところが、日本のメーカーはこれができないのです。「日々のメンテナンスが悪ければ故障することもあるし、さびることもある」「使われ方によっては機械は長持ちしないこともある」といい、不確実なことはいえないという立場をとるのです。あえてネガティブに考えようとしているように思えます。

　私などは、むしろ「日々のメンテナンスをきちんとやっていれば故障することはない」

「マニュアル通りの使い方をしていれば長持ちする」といっておけば、故障したら「日々のメンテナンスをしていなかったのではないか」「マニュアルと違った使い方をしたのではないか」と、ユーザーに責任があるとにおわすように対処すればいいと思うのですが、日本メーカーはこれができないのです。

すぐに壊れる機械を売りつけている中国のメーカーでも、セールストークは「丈夫で長持ち」です。それに比べると、はるかに丈夫で長持ちし、なおかつ精度に優れた機械をつくっている日本のメーカーはその点をアピールすることがありません。「丈夫で長持ち」といえないことで、売り込みに失敗している例をいやというほど見てきました。

ビジネスのスピードが海外企業に負けている

機械製品などは仕様変更が求められることがあります。そのときに、日本メーカーは九九・九パーセントは間違いなくできるだろうけれど、残りの〇・一パーセントが不安でできないといってくるところが多すぎます。

また、仕様変更にはテストが必要なので、再見積もりに二カ月かかるといい出したメーカーがあり、発注元の会社の社長は私に、「彼らはやる気がないんだね」といってきたこともありました。いくら私が、「日本人は一〇〇パーセントを求めるから、やる気はあるけど時間がかかるのは仕方がない」と説明しても、「そこなんだよ。日本人は良いものを作るけど、まったく時間の感覚がおかしい。その機械はすぐに欲しいんだよ。すぐに必要なんだ、オレは」「ドイツのメーカーは同じ仕様変更の再見積もりを一週間で出してくるぜ」といってきます。実際に、仕様変更の見積もりに時間がかかり過ぎて、その間に他のヨーロッパ、アジアの競争相手に商売を取られたことは何度もあります。

日本メーカーの多くは、ユーザーのニーズにはどんなことでも対応するといっておきながら、再見積もりには二カ月もかかるなどと聞かされたのでは、がっかりするのはヨーロッパのお客さんです。

それに、ほとんどの日本メーカーは一二〇パーセント確実でないとできるといわないのです。石橋を叩いて渡るどころではなく、石橋をハンマーで叩いて壊しているようにしか、私には見えませんでした。

長年、日本製も含めてさまざまな国の精密機械を、おもにヨーロッパ企業に納入していた友人のS氏にいわせると、「日本のメーカーの機械は素晴らしいけど、仕様変更とかの調整がすぐにできない。それは、ヨーロッパの機械メーカーに比べると、日本の機械メーカーのエンジニアリング能力が低いからだと思う」といっていました。

実際のところ、試運転で日本製の機械は能力の一二〇パーセントを出すのに対して、ヨーロッパやアジア製の機械は一〇〇パーセント出ることはほぼありません。それなのに、日本の機械メーカーがヨーロッパでそう思われてしまうのは、日本人特有の契約に対する概念の違いがそう思わせているのです。

海外では、仕様変更については契約書で解決できます。契約書通りにできなかったらリテンション金から違約金を払えばいいのです。お金で解決することは、少なくとも契約社会のヨーロッパでは恥ずかしいことでも何でもありません。

日本メーカーが仕様変更をできるだのできないだの、テストに二カ月かかるなどといっているうちに、ヨーロッパや中国のメーカーに先を越されて、結果、売れないというのが現実です。

○・一パーセントにはこだわらない

ヨーロッパでの日本メーカーの販売方法を見ていると歯がゆくなることがあります。日本メーカーの品質の高さを見れば、どう考えても競争相手なんていないはずです。それなのに、実際の販売では負けることが多いのです。

たとえば、圧倒的に有利な新幹線の売り込みでも、同じような失敗をしているように思えます。日本人の感覚で細部の細部にこだわりすぎて、客の希望する仕様ができずに、もたもたしている間に、細部には目をつぶって売ることだけが目的のフランスや中国のメーカーに、そのチャンスを奪われているように思えます。

中国の新幹線は乗ったことはありませんが、日本とドイツの技術を真似たにわか仕込みの代物であることは一目瞭然です。そして、ヨーロッパの新幹線は乗れば分かりますが、日本の新幹線の一時代前の乗り物です。日本の新幹線の競争相手になるような相手は現時点ではいません。単なる乗客にすぎない、素人の私でも圧倒的に技術力に差があることが分かります。

日本で新幹線に乗ったことのある仲の良いオランダ人やドイツ人ですら、「(ヨーロッパの国では)なんで日本から新幹線を導入しないんだか分からないよ。ドイツ、フランス、イタリア製の高速鉄道の車両は乗り心地は悪いし故障ばっかりなんだから。この間なんか、突然ドアが閉まらないといって運休しちゃうんだぜ」とけなしていました。

ハッキリいえば、ヨーロッパ型の契約社会が何かをちゃんと理解できている競争相手は、「たぶんできるだろう」という程度で話を進めているのです。ヨーロッパ型の契約社会に慣れていない日本企業は、日本の契約社会とヨーロッパの契約社会は同じものと勘違いをして、一〇〇パーセントを目指して「あと〇・一パーセント、メドが立たない」とかいっているうちに、競争相手に商売を持って行かれてしまうのです。

日本人の生真面目さがそうさせるのかもしれませんが、いつまで経ってもこの調子では、ヨーロッパで商売は取れません。ヨーロッパでは、日本の製品が優れていることは多くの経営者が知っています。そのアドバンテージを生かすには、一つはヨーロッパ型の契約の概念を理解して販売をすること、もう一つは決断のスピードを上げることです。そうすればライバルはいないも同じですから、日本のメーカーと製品は大きな成功を収めることができるはずです。

5 情報の入手を継続することが成功につながる

最初の成功がその後を保証するものではない

海外進出をするにあたっては、時間とお金をかけて市場調査などを行い、それなりの緊張感を持って慎重にことを進めることもあり、進出して数年間はよほど無謀なことをしない限りうまくいくものです。

ところが現地事情に慣れてくると、まわりの情報に関心が薄くなり、現地での情報が日本のときと比べものにならないくらい不足してきます。

たとえば、海外で取引銀行の担当者と話していても、必要最小限の会話で終わってしまいます。取引先とも、世間話でもして情報を取ろうとしても、先方は「日本人＝外国人」という意識が強いのに加え、警戒しているのか簡単に聞き出せないのです。日本のように世間話の中から重要な情報はなかなかとれません。

これは、何も取引先だけとは限りません。自社の現地従業員から寄せられる情報も重要です。社員の言動や態度からなんとなく伝わってくること、日常会話から得られる情報にも気を配る必要があるのですが、意外とこれを軽視しがちです。

外からは情報をもらえず、内の情報に気を配れないとなると、経営判断を誤ることがあります。私はこれで失敗しました。

情報がないと景気の変化に対応できなくなる

二〇〇八年に起こったリーマンショックによって、私が展開していた日本食レストランは大きく影響を受けました。レストランはもっとも客層が厚い中間層を対象に営業していたので、カップルや家族連れが多く、会社関係では接待などに利用されていました。

リーマンショック直後から客は少しずつ減っていましたが、それから半年ほど経過したころになると、客足は目立って減ってきました。少し変だなと思っていたのですが、どんなことが進行しているのか、情報がないだけに不安だけを募らせていました。

後で知ったことですが、このころには銀行の貸し渋りがはじまり、ヨーロッパ企業が不況に陥っていたというのです。企業では接待費、交際費が真っ先に減らされ、私のレストランも大きな影響を受けました。フレンチ、イタリアン、中華でも高級、中級レベルのレストランは売上げが減り、閉店するところも出ていました。

超高級レストランか低級レストランだけが生き残る結果になり、その時期に安いスタンドスタイルのレストラン、テイクアウト店が出店を加速してきて、中級レベルのレストランはさらに苦境に陥っていました。

私がこの流れを変えられないうちに、東日本大震災による福島の原子力発電所で原子炉の爆発が起こりました。ヨーロッパでは、テレビをつければ原子炉が爆発する映像ばかりが流れていました。福島原発の爆発映像は日本人、日本食にとんでもない印象を与えていくのです。

ヨーロッパの中では、「入国する日本人そのものを放射能チェックしろ」という議論すら行われていたのです。食品に関しては当初、原発事故後の半年にわたって日本食は輸入禁止となりました。その後は東北の一部地域を除いて解禁になりましたが、港での放射能チェックは一年以上義務化されていました。

これにより、日本からの食品の輸入には大変長期の保管倉庫費用と、放射能チェック費用がかかるようになりました。この時期に、ヨーロッパの日本食問屋は日本からの日本食でなく、放射能検査の必要のないアジア、アメリカ、カナダで製造された日本食に、輸入先を切り替えて行く流れになり、その傾向はいまだに続いています。

原発事故は私のレストランに決定的な打撃を与えました。客が減っていたとはいえ、リーマンショック後も生き延びていたレストランに客が入らなくなってしまい、ここにいたって赤字店の閉店を決めました。

情報収集を怠ったために失敗した

失敗の原因をよくよく考えると、私が現地事情にうとくなっていたことです。現地に三〇年近く住んでいたら、現地の情報には詳しいように思うかもしれませんが、必ずしもそうではありません。日本生まれの日本人が海外、それもヨーロッパで環境の変化、雰囲気の変化などの経営判断に関わる情報を集めるには、積極性や真剣に観察する目が必要です。そして、それには相当のエネルギーと時間をかけないと、本当に必要な生きた情報は簡単には集まりません。

私は海外生活に慣れてきて、情報を集めるのが面倒になってきて、いつの間にかサボっていたのです。そのため、情報不足に陥って経営判断を間違えて失敗したといえます。もしも、早くに銀行の貸し渋りが始まったこと、企業の経費削減の情報を聞いていれば、レストランを経営し続けるという愚を犯さずに、まだ儲けが出ているうちに売却するなり閉店するなりの手段がとれたはずです。

情報不足に陥ってその判断ができなかったのです。そればかりか、従業員、顧客に対しての対応が後手後手になってしまい、相手に裁判に訴えられたり、逆に相手を裁判に訴えざるを得なくなったりと、係争が相次ぎました。

これにより精神的なエネルギーを取られてしまい、収益を上げる仕事に集中できなくなり、後ろ向きの仕事に終始してきたことで、負のスパイラルに陥ってしまったのです。

オランダでの事業がうまくいかず、失敗の連続時期には、日本に帰った方が良いかなと思うことはしょっちゅうでした。

情報はお金をかけて集めるもの

日本では普通に得られる情報でも、海外では本当に努力をして、それなりの時間とコストをかけないと集まらないのが実情なのです。日本では情報はタダみたいに思われがちですが、ヨーロッパでは情報はエネルギー、人、金を使わないと集まらないものなのです。

最初から情報は有償だと考えなければ、まともな経営判断をするための情報は入ってこないのです。

進出する、しないも含めて、経営判断を下す場合は情報がすべてです。その情報集めが難しいので、情報不足の中で間違った判断をしがちなのです。日本企業が数年経つとうまくいかなくなる原因の一つには情報不足があります。

最初は情報集めを必死にやりますが、情報集めは面倒なので慣れてくると手を抜きがちになり、結果として情報不足に陥るのです。繰り返しますがヨーロッパで必要な情報は簡単にタダでは得られません。それなのに、現地での情報集めに日本の本社は、予算などつけてくれないこともあり、こうしたこともあってついつい情報収集がおろそかになってしまうのです。

今後の経営方針を作成するときには、景気動向を見たうえで現状の数字に予想を加えて先行きの数字を置き、今後の資金繰り、営業戦略、人員配置などを決めて行きます。

日本にいれば、景気動向をつかむのに必要なデータ、たとえばタクシー運転手などによる街角景気指数、卸売物価指数、銀行の調査機関によるレポートなど、簡単にタダで入手できます。ほかにも、重要な指針材料となるテレビのニュース、社会、会社の雰囲気、お客様の顔つき、話し言葉のニュアンスなども、タダで入手できます。基本的な法制度の変更なども日本語で入手できます。

　ところが、ヨーロッパでは現地の言語でしか情報が入りません。ヨーロッパはEUに加盟している国だけでも二七カ国（イギリスを含む）もあります。それぞれが自国の言葉を持っています。経済指数などだけでなく、テレビや新聞などもそれぞれが自国の言葉を使いますから、いくら英語ができても、情報を集めるには限度があります。

　このように、日本で考えている以上に言葉の壁が高いばかりでなく、文化の違いもあって、ヨーロッパでは簡単に情報を手に入れることができないのです。ですから、海外では情報収集にお金をかけないと必要な情報が入ってこないので、情報の入手にお金を惜しんではいけないのです。

　それではどうすればいいのか。私がやってきたことは二つでした。一つは弁護士や税理士、会計士と定期的に会合を持つこと、二つ目は従業員と会食の機会を定期的に設けることでした。会合では難しい話を持ち出すのではなく、世間話をするようにしました。情報は世間話の中にこそあります。なお、弁護士や会計士などの専門家との話し合いは、話の内容によってはもちろん有料になります。ここからも、情報はタダではないことが分かってもらえるのではないでしょうか。

　海外での事業では、情報入手にお金とエネルギーを継続して使うことが、成功をもたらすことになるのです。

6　代金回収リスクは取引信用保険で備える

掛け売りする商売には必要不可欠の保険

海外で取引をするときにもっとも心配になるのは、商品を販売したのはいいが、代金を回収できるのかということです。この心配を払拭してくれるのが「取引信用保険」です。売掛金を保証してくれる「売掛保険」と呼ぶべきものです。

保険制度はヨーロッパの大航海時代にできたこともあり、ヨーロッパではさまざまな保険商品が開発され、販売されています。世の中を見渡してみても、リスクを回避したいと考える人がいる分野には、必ずといっていいほど保険商品が販売されています。

私は、輸入した商品で事故が起きたときの保険として製造物責任保険（ＰＬ保険）をつねに掛けていました。それともう一つ、取引信用保険もかけていました。

取引信用保険はヨーロッパではとても普及していて、メーカー、小売業、問屋業などが中小企業に販売したときに発生する売掛債権に、この保険を掛けているところが多くあります。しかもそれほど高い保険料率ではありません。ちなみに、日本の某家電メーカーの取引信用保険の料率は〇・二パーセントと聞いたことがあります。

取引信用保険は日本にもありますが、日本の保険は「保証型」ですので、それなりの保険料になります。ところが、ヨーロッパは「与信管理型」なので保険料は低くなっているのです。

この取引信用保険は、ヨーロッパに渡ってから初めて知りました。同時に、この保険は大企業が加入するもので、中小企業が掛けるものではないと思い込んでいました。

独立して会社を設立してからのことです。取引先の経営内容を十分に把握できていないのに、売上げが欲しいためどんどん販売しました。真っ暗闇の中で手当たり次第に販売しているようなものでしたから、優良な取引先だけでなく、財務内容の悪い取引先にも掛け売りをしていました。しばらくすると、財務内容の悪い取引先の倒産が相次ぐようになり、売掛金の回収ができなくなるケースが続発する事態になりました。私の会社も連鎖倒産かという危機に見舞われました。

そんなときに、知り合いの弁護士から「取引信用保険に入ってないの」と聞かれました。取引信用保険は大企業を対象にした保険とばかり思っていましたから、「中小企業は加入できないのでは」というと、あきれた顔をして「加入できる」と教えてくれました。売り先が小さな商店でも取引信用保険で保証されるというのです。

信用調査にかける時間と費用を減らせる

その後、保険会社を紹介してもらい加入しました。

取引信用保険は、掛け売りした取引先が倒産して半年を経過して売掛金が支払われなかった場合、売掛金額の九〇パーセントが保険会社から支払われる仕組みです。契約条項は保険会社によって違います。また、掛売先の業界、掛売先の会社が優良企業や不良企業がどの程度含まれているかによっても、保険料率が変わってきます。

具体的には、自社で取引をしている先、あるいはこれから取引をする会社すべてについて、各社との大まかな年間取引金額を保険会社に提示します。すると、一週間くらい後に保険料率が提示されてきます。すべての売上金額に対して、提示されたこの料率を保険会社に支払います。これで万が一、売掛金が回収できないときは、保険金が支払われることになります。

取引信用保険に加入してからは、ヨーロッパでは取りっぱぐれの心配をすることもなくなり、最初から加入していればよかったと思ったものです。

取引信用保険がなければ、民間の調査期間のダン興信所の「ダン・レポート」などを見て、取引先の財務内容を調べたり、直接訪問してヒアリングをするなど、時間と費用をかけて信用調査をしなければなりません。取引信用保険はそれが不要になるので、精神的にもかなり楽になりました。

海外に販売するとき最も注意を払うのは、本当に代金の回収ができるのかということです。ヨーロッパでは、取引信用保険に加入すれば、売掛金の取りっぱぐれを心配することなく販売できるので、後顧の憂いなく仕事に邁進できます。

7　細かなスペックはセールスポイントにならない

日本とは次元の違う売り込みのやり方

ヨーロッパで仕事をしているとき、よく現地のビジネスマンから投げかけられた疑問が「日本人はなぜ結論を先にいわないのか?」という言葉でした。

ある時期まで私は、この言葉の意味を勘違いしていました。彼らははっきり「会議での前置きが長い日本流のプレゼンは非効率で非常識。しかもヨーロッパでは当たり前の結論が先にありきを日本人は理解していない」ことを指していると思っていました。

そこで、ドイツで機械を売り込むとき、結論から先に話すことを心がけました。その結論とは、競争相手の製品に対して性能面や価格面ではるかに優位に立っていることだと思ったのです。

そこで「日本の製品と競合する中国の製品と比較して、製品価格は中国製が多少安くても、性能面や扱いやすさ、ランニングコストなどを総合的に見ると、費用対効果で優位にある」と、私が考えた結論を真っ先にぶつけました。

ところが、相手は話に乗ってきませんでした。後で聞いたら、この説明は彼らにとっては本筋ではない脇道の話であって、求めていた結論ではなかったのです。

白状しますと、この時点までは彼らが私に求めてきた「最初に結論をいってよ」の真意を、まだ理解できずにいました。何をいえば彼らが納得してくれるのか、皆目見当がつかなかったのです。

そこで、どういうことを知りたいのか、そこの社長にストレートに聞いてみました。そうしたら、返ってきた言葉が「(本当に)一〇年以上使える製品かどうか」「長く使っても生産性は落ちないか」という、とても信じられない内容だったのです。

それを聞いて「へえっ」と間抜けな言葉が口をついて出てしまいました。日本のものづくりの底辺に流れるスピリットは「丈夫で長持ち」です。これは最低限の品質で、すぐに壊れるようなヤワな製品は作っていません。この上に立って「小型化」「高性能化」「省エネ化」などの性能を追求して製品を作り上げます。ですから、改めて話すようなことではなかったのです。しかし、これこそが彼らのいう「結論」だったのです。

「結論から先にいえ」なんていわれると、つい深読みしてしまい、求められている答えからはずれた、外堀から埋めるような説明をしていたようです。

彼らが求めていた結論は次元の違う話でした。私たちが交渉の入口として考えていた地点よりももっとずっと手前の、日本人の私たちにとっては当たり前すぎて、話すまでもない大前提だったのです。

日本では当たり前でもヨーロッパは事情が違った

ヨーロッパの工場に納入される日本製以外の機械は、ヨーロッパ製にしろアジア製にしろ、そのほとんどはホントによく壊れますし、生産量もカタログのうたい文句どおりにはいきません。驚くことに、この保証されない能力が半ば常識としてまかり通っていて、それでも売れるのです。

私たち日本人は、基本性能が悪い製品は売れないと思っています。それは日本市場で売れないからです。ところが、世界では必ずしもそうとはいえないのです。故障が頻繁に起きる、カタログ値通りの性能が出ないなど、品質が悪くても安ければ売れます。こんな製品が売れるのはアジアなどの発展途上国だけと日本人は思っていますが、アメリカやヨーロッパでも事情は同じで、安ければ売れるのです。

それに対し、私たち日本人が提案しているのは日本の会社がその衆知を結集して作り上げてきた信頼の製品です。しかも、カタログに載っているスペックは常時発揮できる能力です。誇大表示もなければ、大げさな広告で売り込もうという考えもありません。それが私たち日本人の常識だからです。

仮に、日本人が日本国内であまりにも大げさな広告宣伝を目にしたら、逆に怪しいと勘ぐってしまいます。確かな収穫は、真面目にこつこつとやった先にしか待っていないことを私たちは知っています。調子のいい口車を嫌うのも、根っこは一緒です。

そしてこつこつと積み上げて完成させたメイド・イン・ジャパンは当然、精度が高く信頼に足るものであり、このことを前提に海外勢にプレゼンするのです。

それが日本流ですから、今さら「壊れませんよ」「うたい文句どおりに生産できますよ」なんて当たり前すぎて、わざわざプレゼンの場ではいう必要がなかったのです。

しかし、「品質の悪いものでも売れる」という現実を理解してからは、長い期間使えて故障が少ないため生産性は上がることを最初に伝え、実際に長期間稼働している工場の利用状況などを話すようにしました。そうしたら、相手は身を乗り出して聞いてくれるようになったのです。

8　決めぜりふは「丈夫で長持ち」だけで良い

日本車は「壊れない」と評価されている

東南アジア、アメリカでは日本車の存在感が高いのですが、残念ながらヨーロッパでは苦戦をしています。

自動車は性能だけでなくデザインや価格、リセールバリュー（転売利益）など、購入する人によって重きを置く要素が違います。自動車発祥の地のヨーロッパにおける日本車の評価は「（デザインに）個性がない」「（関税などがあり）高い」ということで、残念ながら売れ行きはイマイチです。

ジェトロの調査（二〇一五年）では、ヨーロッパで売れているクルマは、やはり現地のフォルクスワーゲンやルノーなどで、日本車ではトヨタが九位、日産が一〇位に止まっています。シェアでいうと、世界で一、二位を争うトヨタがわずか四・二パーセント、日産

駐車場に並んでいる営業車は、その多くが壊れないと評判のトヨタ車（ポーランド）

も三・九パーセントにすぎません。

ヨーロッパにはドイツ車、フランス車、イタリア車など多彩で多様なメーカーがあり、市場では不利な立場にある日本車ですが、ヨーロッパのどこのメーカーにも負けない点が一つだけあります。それは壊れないことです。丈夫で長持ち、メンテナンスが楽だというのが日本車の評価です。壊れないで長持ちする日本車はヨーロッパ人にとって常識となっています。

そんな中で、東欧で存在感があるのがトヨタ車です。

取引先のポーランドの会社を訪れたときに、駐車場に並んでいた社有車は二五台が全部トヨタ車でした。その会社の社長に、なぜトヨタ車を使うのかを聞いてみたら、「壊れないからだ」といっていました。ちなみに、ポーランドにおけるトヨタ車はシェア三位（二〇一五年）ですから、ヨーロッパ全体よりも高くなっています。

ハンガリーでも訪問した会社の社有車はやはりすべてトヨタ車で、使用する理由はやはり壊れないからだそうです。

仕事で使われるクルマは「壊れない」ことが最優先されます。そこで使われているのは信頼性の高い日本車なのです。

「丈夫で長持ち」をセールスポイントにする

ヨーロッパビジネスで成功するヒントがここにあります。欧州で機械などの製品を販売しようとすると、ついつい細かいスペックで「こんなに優れているのですよ」と謳いがちです。ところが、ユーザーの関心はそれよりも壊れないことだったり、メンテナンスのしやすさだったり、ランニングコストの安さだったりするのです。

クルマを買うときの優先順位は、一般の消費者であれば、デザインや運転する楽しさ、値段などになるでしょう。ヨーロッパで販売している日本車がそうしたところに弱みがあるため、存在感が薄いのかもしれません。

しかしながら、業務用という観点から考えると、壊れないという信頼を勝ち得ている日本車の売り方を学ぶべきです。世界には日本の製品より壊れない、長持ちする製品は少ないのです。ここをセールスポイントにすべきです。

したがって、カタログで大きくアピールするのは「丈夫で長持ち」、これだけで十分なのです。自社の製品はいかに壊れないか、何十年と使っているお客さんがいるというようなことが、海外では一番のセールスポイントになるのです。

日本では壊れないのは当たり前なので、それ以外の性能、省エネであったり高精細な作業ができること、あるいは小型でコンパクトなどをアピールしがちです。しかし、ヨーロッパでは機械はひんぱんに壊れるのが常識ですから、性能をいう前に日本製品の強みである「壊れない」ことを最大限にアピールするだけで、実は十分なのです。

おわりに――日欧EPAでビジネス環境が大きく変わる

今やヨーロッパの中小都市でも寿司やラーメンなど日本食を謳うレストランがあり、日本文化が浸透しているように見えます。しかし、こうした日本食のレストランを経営して成功しているのは日本人ではなく、むしろ中国人やユダヤ人なのです。

彼らの経営している寿司屋では、シャリに寿司酢を入れてなかったり、逆にきかせすぎているものもあります。日本人からすると「なんだこれは」と思う代物ですが、日本食を食べたことがない現地の人は「美味しい」といって食べているのです。そうした現地の人の支持があって、こうした日本食レストランは繁盛しています。

一方、日本人は「本場」を売り物に出店します。ある寿司チェーンがヨーロッパに出店したときは、日本と同じ「新鮮さ」を求めるあまり、マグロの色はどこまでも赤い身を求めました。そうすると、鮮度の維持管理にコストがかかり、中国人やユダヤ人の店では一貫二〇〇円ほどで食べられるのに、日本人の経営する寿司屋では一貫一〇〇〇円を超してしまいます。これでは誰でも食べられるものではありません。

そもそも現地の人は鮮度に何の価値も認めていません。美味しく食べられる料理かどうかが判断基準になるだけです。それなのに、日本では鮮度に価値があるからといって、日本と同じようにしたのです。ヨーロッパに日本の常識を持ち込んでもうまくいくはずがありません。結局は、客足が伸びずに撤退しました。典型的な失敗例です。日本のやり方にこだわりすぎて、現地のニーズに合わせられなかったのです。

ヨーロッパ市場攻略の鍵は「現地化」

ヨーロッパ市場で日本流を貫こうとしているのは飲食店に限りません。日本でヒットしている商品はヨーロッパでも売れるとばかりにマーケティングもしないで輸出しようとしたり、製品が優れているのだから日本のやり方で契約しないのなら売らないとか、日本にはヨーロッパという市場をよく理解しようとしない無鉄砲な「井の中の蛙」が多すぎます。

日本は人口が減少しています。その中でビジネスを大きくしようとすると、海外に打って出る必要があります。そのときに、ヨーロッパはリスクの少ないとても魅力的な市場になります。とくに、日欧ＥＰＡが大枠合意をしたこともあり、ビジネス環境は大きく変わろうとしています。
そのヨーロッパ市場を攻略するキーワードが「現地化」です。日本人はこれができなくて、みすみすビジネスチャンスを失っています。現地化とは販売方法や契約条件、労務管理、それに考え方など、すべてにわたってヨーロッパ市場に合わせることです。これさえできれば、日本の持つ技術力、サービス、ソフトのコンテンツなどは、ヨーロッパ中を席巻できると信じています。現地化こそが日本企業がヨーロッパ市場で輝くための必要な条件なのです。そして、ヨーロッパで日本の存在感を高めることができるのです。

本書はヨーロッパでビジネスを行ってきて感じたヨーロッパと日本の違いと、歯がゆく思った日本企業の取り組みとそれを克服する方法について、私なりの提言も交えて書いたものです。これからヨーロッパ市場を開拓しようとするみなさんにとって、本書がいくらかでもお役に立てれば幸いです。

二〇一八年四月

塚谷泰生

ちくま新書
1332

ヨーロッパで勝《か》つ！ ビジネス成功術《せいこうじゅつ》
——日本人《にほんじん》の知《し》らない新常識《しんじょうしき》

二〇一八年五月一〇日 第一刷発行

著者 塚谷泰生（つかたに・やすお）

発行者 山野浩一
発行所 株式会社 筑摩書房
東京都台東区蔵前二-五-三 郵便番号一一一-八七五五
振替〇〇一六〇-八-四一二三
装幀者 間村俊一
印刷・製本 三松堂印刷 株式会社

乱丁・落丁本の場合は、左記宛にご送付ください。送料小社負担でお取り替えいたします。
ご注文・お問い合わせも左記へお願いいたします。
筑摩書房サービスセンター 電話〇四八-六五一-〇〇五三
〒三三一-八五〇七 さいたま市北区櫛引町二-六〇四

ISBN978-4-480-07144-6 C0263

ちくま新書

1279
世界に広がる日本の職人
――アジアでうけるサービス
青山玲二郎
日本発の技術とサービスが大好評な訳は？　香港の寿司店、バンコクの美容室、台北の語学学校など。海外移住者たちが働く現場から、その要因を多面的に徹底解明！

1277
消費大陸アジア
――巨大市場を読みとく
川端基夫
中国、台湾、タイ、インドネシア……いま盛り上がるアジア各国の市場や消費者の特徴・ポイントを豊富な実例で解説する。成功する商品・企業は何が違うのか？

1268
地域の力を引き出す企業
――グローバル・ニッチトップ企業が示す未来
細谷祐二
地方では、ニッチな分野で世界の頂点に立つ「GNT」企業の存在感が高まっている。その実態を紹介し、国や自治体の支援方法を探る。日本を救うヒントがここに！

1305
ファンベース
――支持され、愛され、長く売れ続けるために
佐藤尚之
「ファンベース」とは、ファンを大切にし、ファンをベースにして、中長期的に売上や価値を上げていく考え方である。今、最も大切なマーケティングはこれだ！

822
マーケティングを学ぶ
石井淳蔵
市場が成熟化した現代、生活者との関係をどうデザインするかが企業にとって大きな課題となる。著者はここを起点にこれからのマーケティング像を明快に提示する。

1232
マーケティングに強くなる
恩蔵直人
「発想力」を武器にしろ！　ビジネスの伏流を読み解き、現場で考え抜くためのヒントを示す。仕事に活かせる実践知を授ける、ビジネスパーソン必読の一冊。

1092
戦略思考ワークブック【ビジネス篇】
三谷宏治
Suica自販機はなぜ1・5倍も売れるのか？　1着25万円のスーツをどう売るか？　20の演習で、明日から使える戦略思考が身につくビジネスパーソン必読の一冊。

ちくま新書

225
知識経営のすすめ
――ナレッジマネジメントとその時代

野中郁次郎
紺野登

日本企業が競争力をつけたのは年功制や終身雇用の賜物のみならず、組織的知識創造を行ってきたからである。知識創造能力を再検討し、日本的経営の未来を探る。

396
組織戦略の考え方
――企業経営の健全性のために

沼上幹

組織を腐らせてしまわぬため、主体的に思考し実践しよう！　組織設計の基本から腐敗への対処法まで「これウチの会社！」と誰もが嘆くケース満載の組織戦略入門。

619
経営戦略を問いなおす

三品和広

戦略と戦術を混同する企業が少なくない。見せかけの「戦略」は企業を危うくする。現実のデータと事例を数多く紹介し、腹の底からわかる「実践的戦略」を伝授する。

842
組織力
――宿す、紡ぐ、磨く、繋ぐ

高橋伸夫

経営の難局を打開するためには、〈組織力〉を宿し、紡ぎ、磨き、繋ぐことが必要だ。新入社員から役員まで、組織人なら知っておいて損はない組織論の世界。

851
競争の作法
――いかに働き、投資するか

齊藤誠

なぜ経済成長が幸福に結びつかないのか？　標準的な経済学の考え方にもとづき、確かな手触りのある幸福を築く道筋を考える。まったく新しい「市場主義宣言」の書。

977
現代《ヒュンダイ》がトヨタを越えるとき
――韓国に駆逐される日本企業

小林英夫
金英善《キム・エイゼン》

ものづくりの雄、トヨタ。その栄華はピークを過ぎたのか？　日韓企業のあいだで起きている大変化を検証しながら、日本企業が弱体化した理由と再生への道筋を探る。

1166
ものづくりの反撃

中沢孝夫
藤本隆宏
新宅純二郎

「インダストリー4.0」「ＩｏＴ」などを批判的に検証し、日本の製造業の潜在力を分析。現場で思考をつづけてきた経済学者が、日本経済の夜明けを大いに語りあう。

ちくま新書